Conviver com a Síndrome de Down
em escola inclusiva

COLEÇÃO EDUCAÇÃO INCLUSIVA
Coordenadora: Leny Magalhães Mrech

– *Inclusão de crianças com Síndrome de Down*
Maria Antonieta M.A. Voivodic
– *Inclusão: compartilhando saberes*
Lúcia de Araújo Ramos Martins et al.
– *Desenvolver capacidades e talentos: um conceito de inclusão*
Zenita Cunha Guenther
– *O acesso de alunos com deficiência às escolas e classes comuns: possibilidades e limitações*
Moaci Alves Carneiro
– *O outro da educação: pensando a surdez com base nos temas Identidade/Diferença, Currículo e Inclusão*
Ana Dorziat
– *Construindo as trilhas da inclusão*
Márcio Gomes (org.)
– *Conviver com a Síndrome de Down em escola inclusiva: mediação pedagógica e formação de conceitos*
Susana Couto Pimentel

Dados Internacionais de Catalogação na Publicação (CIP)
(Câmara Brasileira do Livro, SP, Brasil)

Pimentel, Susana Couto
    Conviver com a Síndrome de Down em escola inclusiva : mediação pedagógica e formação de conceitos / Susana Couto Pimentel. – Petrópolis, RJ : Vozes, 2012. – (Coleção Educação Inclusiva)

    Bibliografia

    ISBN 978-85-326-4270-7

    1. Crianças deficientes mentais – Educação 2. Educação especial 3. Educação inclusiva 4. Inclusão escolar 5. Pedagogia 6. Síndrome de Down I. Título. II. Série.

11-10660   CDD-371.928

Índices para catálogo sistemático:

1. Crianças com Síndrome de Down : Educação
especial   371.928

2. Crianças com Síndrome de Down : Educação
inclusiva   371.928

Susana Couto Pimentel

Conviver com a
Síndrome de Down
em escola inclusiva

Mediação pedagógica e formação de conceitos

EDITORA
VOZES

Petrópolis

© 2012, Editora Vozes Ltda.
Rua Frei Luís, 100
25689-900 Petrópolis, RJ
Internet: http://www.vozes.com.br
Brasil

Diretor editorial
Frei Antônio Moser

Editores
Aline dos Santos Carneiro
José Maria da Silva
Lídio Peretti
Marilac Loraine Oleniki

Secretário executivo
João Batista Kreuch

Editoração: Dora Beatriz V. Noronha
Projeto gráfico: Sheilandre Desenv. Gráfico
Capa: Marta Braiman

ISBN 978-85-326-4270-7

Editado conforme o novo acordo ortográfico.

Este livro foi composto e impresso pela Editora Vozes Ltda.

A todas as pessoas com Síndrome de Down que nos ensinam a ser melhores professores, mediadores, profissionais... sobretudo, melhores seres humanos. Em especial a minha querida prima, Rosana da Silva Lopes (**in memoriam**), que foi a minha inspiradora neste estudo e que me deixou antes que este trabalho estivesse concluído. A você Rose o meu amor e a minha luta para que todas as pessoas com Síndrome de Down possam ser mais acreditadas em suas potencialidades!

Agradecimentos

A Deus, por possibilitar o aprendizado fruto da riqueza proporcionada pela diversidade.

Aos meus pais, Edvaldo e Idália (Isa), pelas orações, carinho, dedicação e, acima de tudo, eterno incentivo para novas conquistas.

Às minhas filhas, Mariana e Isabela, que são meu grande motivo de luta, de força e coragem.

Ao meu marido, Antonio José, por valorizar o conhecimento e as conquistas que fazemos juntos.

Às crianças com Síndrome de Down que participaram da pesquisa e têm sempre muito a ensinar.

Às escolas e, principalmente, às professoras que permitiram a realização da investigação em suas salas, não tendo receio de mostrar potencialidades e fragilidades no processo de construção de uma educação inclusiva.

À Fapesb pelo apoio através da bolsa de doutorado que possibilitou a realização da pesquisa.

À Profa.-Dra. Theresinha Guimarães Miranda pela amizade, orientação precisa deste trabalho no doutorado, sensibilidade e competência com que milita pela causa da educação inclusiva. A criança com deficiência mental requer mais do que a normal que a escola desenvolva nela o gérmen do pensamento, pois, deixadas à sua própria sorte, ela não o consegue dominar (VYGOTSKY, 1995: 119 – Tradução nossa).

Sumário

Apresentação

Profa.-Dra. Theresinha Guimarães Miranda
Universidade Federal da Bahia

A publicação do livro *Conviver com a Síndrome de Down em escola inclusiva – Mediação pedagógica e formação de conceitos* se dá num momento de amplo movimento político para a inclusão de pessoas com deficiências no cotidiano de diferentes instituições, particularmente nas escolas de ensino regular. A obrigatoriedade legal de acolhimento e inserção de pessoas com deficiência em instituições educacionais resulta de lutas históricas de movimentos sociais por garantia de direitos de cidadania e de igualdade de oportunidades para todos.

Susana Couto Pimentel discute a inclusão de pessoas com deficiências no processo escolar, a partir das transformações paradigmáticas do sistema educacional, assim como o desenvolvimento de concepções, estruturas relacionais e referenciais culturais capazes de agenciar a complexidade inerente à interação entre diferentes sujeitos, linguagens, interesses e culturas. Tais aspectos trazem implicações para a prática dos educadores, que são interpelados a compreender criticamente as necessidades especiais dos alunos com deficiência e a desenvolver estratégias educacionais pertinentes e eficazes. É a partir do enfoque particular, da atuação do professor, enquanto mediador para a formação conceitual de crianças com Síndrome de Down, numa escola regular, que a autora analisa a mediação pedagógica do professor, em processos de educação inclusiva e a configuração dessa prática.

Considerando, no entanto, os impasses inerentes às questões pedagógicas, educativas e linguísticas em suas diversas possibilidades de materialização no cotidiano escolar, não se pode ainda dizer que haja consenso em como colocar em prática o ideal do processo pedagógico para a aprendizagem do estudante com Síndrome de Down. Dessa natural falta de consenso surgem diferentes abordagens que visam esclarecer, cada uma de um lugar específico, o seu entendimento sobre a atuação do professor e as implicações desse entendimento para a prática pedagógica e as relações entre professor – prática pedagógica – estudante com deficiência.

Neste livro, Susana discute a formação do pensamento conceitual, a partir da teoria histórico-cultural de L.S. Vygotsky e suas interfaces com a Psicologia Cognitiva, trazendo também as referências da dimensão baktiniana para reflexão sobre o processo da mediação pedagógica e da dialogia como favorecedoras da aprendizagem e do desenvolvimento. Nesse processo, destaca a proposição do conceito de deficiência e da Síndrome de Down, para representar uma das tentativas de se reconfigurar as possibilidades de interação e reconhecimento civil das pessoas com deficiência, retirando o foco do diagnóstico de deficiência e colocando-o sobre as necessidades de aprendizagem.

No caso da inclusão desses estudantes na vida escolar, ao invés de focalizar a deficiência da pessoa, a autora busca enfatizar o ensino e a escola, bem como as formas e condições de mediação da aprendizagem. Ao invés de atribuir ao estudante a origem de um problema, define seu tipo de inclusão no contexto escolar pelo tipo de resposta educativa e de mediação e apoio que o professor deve proporcionar-lhe para que obtenha sucesso escolar. Ao invés de esperar que o estudante se ajuste unilateralmente a padrões de "normalidade" para aprender, interpela a própria organização escolar a se reestruturar para atender à diversidade de seus educandos. Nessa direção, apresenta formas de mediação, como instrumentos linguísticos e conceituais que permitam a expressão, a comunicação, a interação e o reconhecimento das diferentes subjetividades e identidades que se constroem e se transformam continuamente, em processos de interação recíproca, para a elaboração conceitual de estudantes com Síndrome de Down, no contexto de uma classe de ensino regular.

Nessa perspectiva, uma mudança de paradigmas se faz presente no discurso da autora e, com esforço, na prática de educadores e profissionais da educação, que desenvolvem a mediação pedagógica, através da qual se propõe um novo olhar sobre as formas de acesso e transmissão da cultura via aprendizagem e socialização. Trata-se de uma busca constante por novas alternativas para melhoria das condições de acesso e progressão de todos os estudantes, independente de sua singularidade.

No decorrer do trabalho apresentado, os processos de sujeição e de exclusão dos estudantes com Síndrome de Down se constituem pela própria dinâmica da prática curricular, que prevê aprendizagem de conhecimentos e habilidades predefinidas mediante exercitação e fixação. Nesse contexto, a diferença é identificada pelo grau de "incômodo" produzido pelo desempenho do aluno, não esperado pelo professor. A escola, ao centrar-se no ensino de "conteúdos" e no treinamento de habilidades sem significado para os educandos, estabelece uma relação coercitiva entre professor e aluno e demarca que o sucesso é restrito àqueles que se sujeitarem ativamente a esta estrutura. O desafio pedagógico que se coloca na prática de educação inclusiva é articular a diversidade de sujeitos, de contextos, de linguagens, de ações, de produções culturais, de modo que a potencialização de suas diferenças favoreça a construção de processos singulares e contextos socioeducacionais críticos e criativos.

Assim, de um lado, verifica-se que as próprias pessoas com deficiência, no espaço escolar, enfrentam muitas dificuldades relacionadas à aceitação pelos colegas, ao entrosamento e relacionamento no grupo, ao preconceito, à rejeição e à discriminação. As pessoas com deficiência sentem medo de se expor, de errar, de participar, sentem timidez, vergonha, ansiedade. De outro lado, a presença de um estudante com deficiência na sala de aula pode ser vista, pelos colegas e educadores, como um desafio à comunicação e à interação, ou com tolerância, indiferença ou rejeição. A diferença do outro pode ser percebida como incapacidade, doença, anormalidade ou simplesmente diferença, de acordo com as atitudes assumidas frente ao novo e desconhecido.

O livro traz a análise das situações de mediação pedagógica desenvolvidas pelos professores e que demonstram o enfrentamento e a elaboração da tensão entre educador/educando, que pressupõe o desenvolvimento de um contexto institucional e educacional capaz de sustentar a elaboração dialógica desse conflito, no sentido de potencializar a iniciativa, as capacidades de cada pessoa em relação, respeitando as suas peculiaridades, necessidades e interesses, a sua autonomia intelectual, o ritmo e suas condições de aprendizagem. Isto requer o estabelecimento de mediações complexas, com dispositivos pertinentes às necessidades específicas de cada pessoa, de modo a garantir, no processo educacional, a equidade de direitos e de oportunidades para todos, assim como o protagonismo de cada um, na sustentação do diálogo e da reciprocidade entre educandos-educadores.

Nesse processo, a formação, preparação e conscientização profissional é fundamental para ajudar o professor e a professora a enfrentarem o próprio medo, a própria insegurança e desestabilização, que a presença do novo instaura. Aprender ameaça a identidade. O novo ameaça a experiência adquirida e supõe esforço do professor e da professora para conduzir a prática educativa. Prática esta que, por ser interativa, cada um dos sujeitos nela envolvido, educando e educador, é constantemente interpelado a desenvolver, de modo singular e interativo, sua capacidade de autoria e de cooperação.

As crianças com deficiência trazem para a prática pedagógica a necessidade de explicações sobre seu processo "diferente" de aprender. Não basta inserir um estudante com deficiência na classe para que o professor aprenda como trabalhar com ele: "depende da sua postura, das suas representações, de acreditar no potencial do aluno e no seu de aprender, de aceitar desafios, de criar o novo". Com efeito, as pessoas (e não apenas aquelas identificadas por suas deficiências) são sujeitos que não têm uma identidade fixa, permanente, essencial, mas constituem, singularmente, "um conjunto diversificado de identidades, diante de um eu que não é sempre o mesmo, seguro e coerente, mas um eu cambiante, com cada um dos quais podemos nos confrontar e nos identificar temporariamente".

A relação educativa se constitui como tal na medida em que se desenvolvem mediações (ações, linguagens, dispositivos, representações) que potencializem a capacidade de iniciativa e de interação das pessoas. O processo educativo envolve a relação educador-educando e se insere num contexto com outros sujeitos, dedicando particular atenção às relações e aos contextos que vão se criando, de modo a contribuir para a explicitação e elaboração dos sentidos (percepção, significado e direção) que os sujeitos em relação constroem e reconstroem.

A inclusão, assim, de pessoas com possibilidades e limites marcadamente diferenciados nos processos educativos, como as que têm Síndrome de Down, para além da atenção e do atendimento às suas necessidades individuais biopsicológicas, implica o desenvolvimento de linguagens, discursos, práticas e contextos relacionais que potencializem manifestação polifônica e o reconhecimento polissêmico, crítico e criativo, entre todos os integrantes do processo educativo. Nestes contextos, o educador terá a tarefa de prever e preparar recursos de mediação capazes de ativar a elaboração e circulação de informações entre sujeitos, de modo que se reconheçam e se auto-organizem em relação de reciprocidade entre si e com o próprio ambiente sociocultural.

Certamente, Susana Couto Pimentel é uma profissional comprometida com o seu papel de educadora, refletindo sobre a educação e as práticas escolares, demonstrando um grande potencial para a luta pela melhoria da educação. Com este livro, surge a possibilidade de reanimar os debates em torno da educação especial/ educação inclusiva e ampliar a produção do conhecimento na área da Educação Especial, que ainda é escassa. Ele tem o mérito de analisar uma realidade da sala de aula, sem pretender generalizar essa realidade, como também indica claramente novos rumos para a atuação do educador que pretende desenvolver uma prática pedagógica de qualidade para todos os estudantes.

Introdução

Este livro é resultado de uma pesquisa desenvolvida para elaboração da tese de doutoramento em Educação apresentada ao Programa de Pós-Graduação da Universidade Federal da Bahia e desenvolvida sob a orientação da Profa.-Dra. Theresinha Miranda.

Para discutir a formação do pensamento conceitual se faz necessário compreender processos cognitivos como percepção, atenção, categorização e generalização, além do desenvolvimento do pensamento e da linguagem, tendo em vista que todos estes estão fortemente relacionados ao processo de formação de conceitos.

A construção do pensamento conceitual é imprescindível para a compreensão e leitura do mundo, sendo um processo que acontece ao longo da história social e individual do homem, a partir da sua interação em contextos e atividades sociais específicos.

Dentre esses contextos, a escola destaca-se como *locus* cultural extremamente importante para favorecer a aquisição e a internalização de conceitos. Cabe então aos atores que promovem o ensino no interior da escola propiciar um ambiente que desafie a aprendizagem dos estudantes e estimule, dessa forma, seu desenvolvimento, pois "o pensamento conceitual é uma conquista que depende não somente de um esforço individual, mas principalmente do contexto em que o indivíduo está inserido" (REGO, 2001: 79).

Nessa perspectiva, para a criança com Síndrome de Down, o processo de interação social no contexto escolar passa a ser muito mais importante, tendo em vista o atraso cognitivo que lhe é peculiar como parte do conjunto de sintomas que caracterizam essa síndrome. Portanto, as crianças com Síndrome de Down precisam de maior interação com o contexto sociocultural e educacional do qual fazem parte.

Historicamente, as pessoas com Síndrome de Down eram vistas sob uma perspectiva patologizante que focalizava suas limitações e, portanto, eram educadas em ambientes educacionais especiais, segregados da convivência com os aprendentes considerados "normais". Essa visão ainda não foi totalmente superada, mas, com as discussões no cenário mundial a respeito do processo de educação para todos, passou a ser questionada a qualidade da educação fornecida pela escola regular e a se propor um ensino capaz de atender a todas as necessidades emergentes na escola, em função das novas demandas que implicavam a premissa de educação para todos.

Neste livro a discussão sobre Síndrome de Down pretende superar essa redução à patologização, à deficiência ou à rotulação, por entender que esse enfoque sombreia a realidade das possibilidades de aprendizagem das pessoas que possuem essa síndrome. Também pretende avançar nas reflexões sobre a educação inclusiva, desfocando da análise das repercussões dessa política educacional e abordando a eficácia desse processo na aprendizagem de estudantes com Síndrome de Down. Essa proposta de reflexão baseia-se no entendimento de que discutir atitudes como a tolerância ou a intolerância à diferença na escola regular não atinge o cerne do problema da inclusão e limita-se a reflexão superficial acerca da presença de pessoas com necessidades educacionais especiais no espaço escolar regular.

De acordo com Silva e Kleinhans (2006), no Brasil a incidência de nascidos vivos com Síndrome de Down é de um para cada seiscentos/oitocentos nascimentos, existindo cerca de trezentas mil pessoas com Síndrome de Down no país, conforme o Censo de 2000. Diante desse quantitativo e da realidade da inclusão de pessoas com necessidades educacionais especiais (NEE) na escola regular, torna-se imprescindível à realização de estudos e pesquisas que contribuam com a eficácia da proposta da inclusão e, consequentemente, com a qualidade do ensino.

Essa preocupação é plenamente justificável, pois, dentre as diversas necessidades educacionais especiais, o atraso cognitivo é o quadro mais desafiador para a escola, tendo em vista que, no Brasil, em virtude do alto índice de evasão e reprovação escolar, é visível que a escola não sabe lidar com a realidade das diferentes formas de aprender dos que possuem desenvolvimento típico, quanto mais em relação aos que possuem déficits no desenvolvimento intelectual. A legislação brasileira, LDB 9.394/96, aponta para a inclusão como um imperativo, mas a presença de estudantes com deficiência mental[1] na escola ainda se constitui em algo inquietante e, muitas vezes, desarticulador da prática pedagógica, demonstrando que garantir o acesso não significa a garantia, concomitante, da qualidade do ensino e da permanência desses estudantes na escola regular.

Diante disso, tornam-se necessárias investigações que discutam como as pessoas com deficiência de modo geral e, de modo específico, com Síndrome de Down podem ter potencializado seu processo de aprender na escola regular.

Pesquisas desenvolvidas no Brasil (FONTANA, 1996; MIRANDA, 1999; SFORNI & MOURA, 2003; SIMAN & COELHO, 2003) acerca da formação de conceitos têm contribuído para o aprofundamento dessa questão e, consequentemente, forneceram subsídios para a reflexão do processo de ensino que vem sendo desenvolvido com essa finalidade.

Essas pesquisas apresentam, entre si, um consenso a respeito do trabalho mediador do professor no ensino de conceitos científicos, apontando que a criação de estratégias discursivas, pautadas em perguntas e desafios, permite aos estudantes o trâmite do conceito cotidiano, mais relacionado às suas vivências, ao conceito científico, de caráter generalizado e mais abstrato (SIMAN & COELHO, 2003).

A apropriação do conceito científico mobiliza ação, pensamento e linguagem, exigindo que o ensino esteja organizado com esta intenção: colocação de uma situação problema adequada à essência do conceito e mediação, pelo professor, das ações em sala de aula, a fim de favorecer a passagem das ações, às operações conscientes (SFORNI & MOURA, 2003). Assim, cabe ao professor mediar os processos de elaboração conceitual dos estudantes, acompanhando o curso do seu desenvolvimento, até o alcance de representações lógicas e generalizações.

Nos estudos sobre a elaboração conceitual de estudantes com necessidades especiais, Miranda (1999: 217) aponta para a importância da construção de um espaço dialógico em sala de aula e para a "utilização de atividades lúdicas como estratégia de intervenção pedagógica nos processos cognitivos de alunos deficientes mentais". Nesses estudos, Miran-

---

1. Embora haja uma discussão atual sobre a opção pelo termo deficiência intelectual, optou-se neste trabalho pelo uso do termo deficiência mental, por ser utilizado nos documentos oficiais.

da discute a formação de conceitos por pessoas com deficiência mental no espaço da escola especializada.

Embora se reconheça que essas pesquisas contribuam para uma melhor compreensão das questões relacionadas ao processo de ensino para a formação de conceitos, entende-se a relevância deste estudo que busca explicitar o trabalho com conceitos na proposta de educação inclusiva, especificamente de estudantes com Síndrome de Down.

Para discutir essa questão, são utilizadas as referências da teoria histórico-cultural de L.S. Vygotsky e suas interfaces com a Psicologia Cognitiva abordando a formação de conceitos, trazendo também as referências da dimensão bakhtiniana para reflexão sobre o processo da mediação pedagógica e da dialogia como favorecedoras da aprendizagem e do desenvolvimento.

Apesar da clareza de que o processo de formação de conceitos inicia-se antes da vida escolar, podendo ser beneficiado por ações de diversos atores do contexto familiar e de outros sujeitos pertencentes ao entorno social do qual a criança faz parte, neste trabalho a opção foi pelo estudo e análise do processo de formação do pensamento conceitual no contexto escolar como forma de recortar o objeto em estudo e de valorizar, numa sociedade escolarizada, o espaço escolar como *locus* imprescindível para a formação de conceitos.

Portanto, investigar os processos de ensino e aprendizagem de conceitos na educação de crianças com Síndrome de Down requer, sobretudo, buscar compreender a intencionalidade e qualidade em que se dá a intervenção pedagógica na abordagem de conceitos construídos ao longo da história da humanidade. Esse conhecimento é importante para que o estudante com Síndrome de Down avance no sentido da compreensão da sua realidade, favorecendo o desenvolvimento dos chamados processos psicológicos superiores, essenciais para o desenvolvimento da pessoa humana.

Entendendo-se que a elaboração de conceitos é fundamental não apenas para o êxito escolar, mas para o desenvolvimento do sujeito humano no ambiente sociocultural em que vive, busca-se ao longo dos capítulos deste livro discutir como acontece a mediação pedagógica de conceitos em classe de escola regular onde há inserção de estudantes com Síndrome de Down e como esses estudantes demonstram ter se apropriado, em contexto escolar, dos conceitos sistematizados pela escola.

A pesquisa empírica que forneceu os dados para discussão no decorrer deste estudo utilizou como metodologia a análise microgenética dos momentos de interação entre professores e crianças com Síndrome de Down, dos estudantes entre si e da pesquisadora com as crianças com Síndrome de Down.

A metodologia de análise microgenética é ancorada na matriz histórico-cultural e busca investigar "como acontecem" determinados processos humanos. Esta análise centra-se na gênese social de tais processos, isto é, nas transformações efetivadas a partir das relações entre sujeitos; nas mediações feitas e nas respostas dos sujeitos às mesmas (do plano intersubjetivo para o intrassubjetivo).

De acordo com Vygotsky, a análise microgenética direciona o olhar do observador para o processo de internalização[2] que ocorre a partir da mediação social. Assim, enquanto método de investigação, a análise microgenética propõe-se a desvendar os processos de interação social que dão origem a novos processos de aprendizagem e desenvolvimento com base numa análise e não apenas numa mera descrição dos fenômenos investigados. O termo microgenética está relacionado aos processos evolutivos (genética) de fenômenos específicos (micro).

Essa proposta metodológica foi desenvolvida por Vygotsky diante do seu entendimento de que as funções psicológicas superiores não admitem o tipo de estudo baseado na estrutura estímulo-resposta historicamente utilizado pela Psicologia. Por isso, ele propôs uma nova metodologia baseada na abordagem materialista dialética e no pressuposto de que o desenvolvimento psicológico humano é parte do desenvolvimento histórico. Esse método, assentado na abordagem dialética, entende o homem como um ser que recebe influências do meio físico e social, mas que também o influencia provocando mudanças e criando novas condições naturais para sua existência.

Assim, neste método de investigação proposto por Vygotsky o ensino é utilizado para provocar as respostas que estarão sendo estudadas durante a própria investigação. Dessa forma, realiza-se um estudo indireto da psique, através do registro das fases transitórias do pensamento a partir da interação social, tornando possível que a atividade mental se

---

2. Reconstrução interna dos conteúdos construídos a partir da interação com outros sujeitos.

torne "visível", compreensível para quem a estuda. Não se trata de introspecção, pois o sujeito da pesquisa não é o observador dos seus próprios processos, ele responde a mudanças e transformações introduzidas através de um interrogatório posterior (VYGOTSKY, 2004). Por isso, as modificações provenientes desse interrogatório têm grande importância. É preciso saber o que se irá perguntar. A palavra escutada é um excitante e a palavra pronunciada é um reflexo que também cria o excitante. Isso indica a origem social da consciência. As questões são feitas durante o experimento e os dados são utilizados no curso do experimento, sendo a análise microgenética a busca de

> [...] um caminho para documentar empiricamente a presença (ou não) e o grau de transição do funcionamento interpsicológico para o funcionamento intrapsicológico, durante a solução conjunta de situações-problema entre adulto e criança, nos moldes do que Vygotsky denominava "zona de desenvolvimento proximal" (HICKMANN & WERTSCH, 1978, apud FONTANA, 1996: 32).

Assim, através da análise microgenética, busca-se compreender o processo de mudança sofrido no desenvolvimento de processos psicológicos. Tais mudanças podem ser processadas em frações de segundos, em dias ou semanas, porém é possível seguir esse desenvolvimento. Portanto, essa forma metodológica de construção dos dados requer atenção aos detalhes e a análise de episódios interativos, das relações intersubjetivas e das condições sociais da situação estudada o que resulta num minucioso relato dos acontecimentos.

Porém, a ênfase é na análise, na explicação, pois "a mera descrição não revela as relações dinâmico-causais reais subjacentes ao fenômeno" (VYGOTSKY, 1998a: 82). A tentativa é de ir além do empírico para explicar um fenômeno com base na sua gênese, suas bases dinâmico-causais e não na sua aparência externa ou na enumeração das suas características externas. A proposta vygotskyana é de desenvolvimento de um estudo numa perspectiva histórica e *"estudar alguma coisa historicamente significa estudá-la no processo de mudança*[3]: esse é o requisito básico do método dialético" (VYGOTSKY, 1998a: 86).

---

3. Grifo no original.

Desse modo, os princípios que fundamentam a análise microgenética são: análise de processos e não de objetos; ênfase na explicação ultrapassando o caráter de descrição; estudo da origem, isto é, do processo de estabelecimento das formas superiores do pensamento e não do produto do desenvolvimento, ou seja, de formas automatizadas e mecanizadas.

Esse estudo microgenético torna-se extremamente relevante não apenas para verificar o processo de internalização como se esse fosse um processo de acumulação passiva das construções feitas socialmente, mas para explicitar, de acordo com Bakhtin (2004: 112), "a expressão que organiza a atividade mental, que a modela e determina sua orientação". Portanto, na medida em que as interações e mediações vão se constituindo, a atividade mental vai se transformando e pode ser "visto" o que Vygotsky chama de gênese social dos processos mentais.

Diante disso, a opção metodológica pela análise microgenética do processo de formação de conceitos por estudantes com Síndrome de Down na escola regular deu-se em função de que a formação de conceitos, apesar de ter início na vivência anterior à escola, acontece, privilegiadamente, em situação de interações dos indivíduos em contextos escolares, pois é esse o *locus* onde os conceitos são trabalhados de forma mais sistemática.

Na investigação que dá subsídio a este livro, a análise microgenética foi realizada a partir de episódios de interação com crianças com Síndrome de Down registrados através da observação participante[4] e complementados com o uso de entrevistas, mediação e aplicação de instrumento de conceituação pela pesquisadora para acompanhar o processo de formação do pensamento conceitual dessas crianças.

O trabalho investigativo que deu origem a este trabalho foi realizado em duas escolas no município de Feira de Santana[5] que fazem inclusão de

---

4. Uma grande vantagem da observação participante é a obtenção farta de dados que permitem ao pesquisador compreender a dinâmica da realidade pesquisada, a partir da qual são feitas as análises. Buscou-se, nestes momentos de observação participante, não apenas descrever a forma pela qual os fenômenos se apresentam, mas investigar o modo pelo qual são produzidos, tendo em vista que numa pesquisa qualitativa ao observador interessa mais o processo do que simplesmente os resultados ou produtos (BOGDAN & BILKEN, 1999).

5. Município do interior do Estado da Bahia, localizado a 107km da capital Salvador e que possui 556.756 habitantes, de acordo com dados do IBGE (www.ibge.gov.br – Acesso em 10/01/11).

estudantes com necessidades educacionais especiais. A seleção das escolas foi feita a partir de dois critérios: 1) atender a estudantes com Síndrome de Down em classes do Ensino Fundamental; 2) experiência com a prática de educação inclusiva referendada pelas equipes da Secretaria Municipal de Educação e do Centro de Apoio Pedagógico (CAP)[6].

A partir desses critérios, as instituições de ensino selecionadas[7] foram: a Escola Balão Mágico, conveniada com a rede municipal de ensino, e que possuía uma aluna com Síndrome de Down na primeira série do Ensino Fundamental e a Escola Peter Pan da rede particular de ensino que, dentre outros, atendia a uma criança com Síndrome de Down na segunda série do Ensino Fundamental. As atividades vivenciadas em sala de aula não foram apenas narradas, mas analisadas sob o ponto de vista da contribuição de cada interação para a apropriação conceitual[8] das crianças com Síndrome de Down.

A observação participante das vivências em sala de aula no trabalho com conceitos foi feita considerando-se a mediação pedagógica, as interações discursivas entre estudantes, a participação das alunas com Síndrome de Down no desenvolvimento das atividades propostas e a demonstração da apropriação dos conceitos trabalhados a partir da utilização dos mesmos no contexto escolar. As observações foram realizadas no período de um semestre letivo com frequência de duas vezes por semana em cada escola investigada.

A observação permitiu que a autora se aproximasse dos sujeitos em estudo, a fim de que houvesse uma descrição mais sistemática possível da qualidade do fenômeno estudado. Os dados "construídos" em ambiente natural possibilitaram a leitura das ações das professoras e das estudantes com Síndrome de Down, bem como das interações verbais nas atividades realizadas em classe.

---

6. Instituição da rede estadual que trabalha com apoio especializado para estudantes com necessidades educacionais especiais matriculados em escolas do Município de Feira de Santana.

7. Neste trabalho, o nome das instituições pesquisadas foi preservado, bem como o das crianças que foram identificadas por nomes fictícios, com o objetivo de respeitá-las eticamente por entender que são sujeitos em desenvolvimento.

8. Os conceitos observados no processo de ensino e aprendizagem não foram definidos *a priori*, pois requereu o conhecimento do que estava sendo estudado no cotidiano da sala de aula com base no currículo das escolas pesquisadas.

O tipo de observação desenvolvida foi, preferencialmente, a observação não estruturada, "na qual os comportamentos a serem observados não são predeterminados, eles são observados e relatados da forma como ocorrem, visando descrever e compreender o que está ocorrendo em uma dada situação" (ALVES-MAZZOTTI & GEWANDSZNAJDER, 2002: 166). Embora se entenda que a análise microgenética foca o olhar do pesquisador sobre os episódios sociais interativos acontecidos em sala de aula, a opção pela observação não estruturada foi feita, pois não havia definições prévias dos indicadores a serem observados. O que se definiu, no início da observação, foram apenas as categorias teóricas que subsidiavam o trabalho de campo. Porém, a partir da frequência ao campo empírico, foi possível levantar categorias empíricas como a mediação docente, cooperação dos colegas e apropriação dos conceitos, que possibilitaram uma maior especificidade no olhar o fenômeno em estudo (Quadro 1).

Os dados "construídos" nas observações foram registrados em um diário de campo no qual foram feitas anotações acerca das percepções do que foi vivenciado, descrição dos sujeitos envolvidos e dos lugares observados, atividades desenvolvidas, qualidade das mediações pedagógicas, conversas, ideias, estratégias e reflexões. Todos esses registros foram utilizados para posterior análise a partir do referencial teórico histórico-cultural assumido no trabalho.

Atendendo às exigências da ética na pesquisa com seres humanos, foi entregue aos pais dos estudantes, após aquiescência da direção da escola e da professora da classe, um Termo de Consentimento Livre e Esclarecido solicitando o consentimento para utilização do recurso da videogravação, em alguns momentos didáticos, com vistas à melhor percepção e análise das interações ocorridas. Como apenas em uma escola o retorno do Termo de Consentimento, assinado pelos pais, foi de 100%, o recurso da videogravação foi utilizado somente nesta instituição, a partir do final do terceiro mês de observação, tendo em vista que apenas neste momento a permissão dos pais foi dada integralmente.

Também foram feitas observação e análise da participação das crianças com Síndrome de Down em momentos como: 1) atividades sugeridas em sala de aula e em outros espaços escolares objetivando captar a possível utilização por elas dos conceitos trabalhados; 2) interações das crianças com Síndrome de Down com seus pares de forma a verificar o movimento discursivo e a significação dada por elas no uso dos conceitos internalizados/apreendidos a partir do trabalho pedagógico; 3) interações com a pes-

Quadro 1: Categorias e indicadores para análise dos dados

Categorias de análise	Indicadores	Procedimento de construção dos dados
Mediação pedagógica	1) Atividades planejadas para contribuir com a superação de dificuldades da criança com Síndrome de Down, de modo particular. 2) Envolvimento da estudante com Síndrome de Down no trabalho desenvolvido, de modo a favorecer a atenção, percepção, generalização e desenvolvimento da linguagem. 3) Criação de ZDPs através do fornecimento de níveis de ajuda para que a criança com Síndrome de Down se aproprie das ajudas e conquiste autonomia na resolução da atividade. 4) Problematização dos "erros" da criança com Síndrome de Down. 5) Utilização de conceitos cotidianos para, a partir deles, estabelecer relações com conceitos científicos.	1) Observação 2) Análise de documentos (atividade proposta, planejamento da aula, diário de classe).
Cooperação dos colegas	1) Interação com a colega com Síndrome de Down, sem excluí-la do grupo. 2) Fornecimento de níveis de ajuda para que a criança com Síndrome de Down se aproprie das ajudas e conquiste autonomia na resolução da atividade. 3) Resolução das atividades com a criança com Síndrome de Down e não por ela.	Observação
Apropriação do conceito	1) Apropriação dos níveis de ajuda recebidos de forma a resolver autonomamente a atividade sugerida. 2) Modificação do conceito cotidiano a partir das interações sociais. 3) Aplicação dos conceitos trabalhados em outras situações. 4) Inserção do conceito trabalhado numa rede semântica.	1) Observação; 2) Interação com a criança em momentos de sala de aula ou fora dela. 3) Análise das respostas das crianças.

quisadora que aconteciam durante os momentos livres, entendendo-se que nesses momentos os conceitos também poderiam ser aplicados.

A fim de construir dados para análise microgenética sobre o processo de apropriação dos conceitos sistematizados pela escola e complementar os dados da observação citada anteriormente, foram realizadas entrevistas, não previamente estruturadas, assemelhando-se a conversas, com as crianças com Síndrome de Down.

Os dados dessa entrevista foram complementados com o uso de técnicas projetivas[9], como a solicitação de desenhos, com vistas a verificar a representação dos conceitos apreendidos. Esses desenhos foram comentados pelas próprias crianças de forma a possibilitar a utilização do conceito internalizado. Todo esse processo servia como busca de indícios e pistas para analise microgenética do pensamento conceitual das crianças com Síndrome de Down.

Na Escola Peter Pan, a mediação pela pesquisadora foi realizada com base na adaptação da parte III do teste de audibilização[10] de Golbert (1988), que trata da conceituação. Essa parte do teste consta dos seguintes subitens: identificação de absurdo, identificação de objetos e situações, definição de palavras, organização sintático-semântica, vocabulário de figuras. Na adaptação feita a partir desse teste (Apêndices) alguns subitens foram mantidos, enquanto outros foram modificados.

A utilização desse instrumento, adaptado aos conceitos trabalhados em classe, embora centrados majoritariamente numa abordagem verbal, o que contraria as orientações vygotskyanas de uso de instrumento que introduza, de modo simultâneo, objetos e palavras (VAN DER VEER & VALSINER, 2001), teve como objetivo favorecer a análise microgenética do processo de formação do conceito, trabalhado em classe, pela criança com Síndrome de Down.

---

9. Técnica que utiliza o recurso psicossociológico da projeção, possibilitando ao sujeito a percepção do meio ambiente e resposta em função de suas vivências e experiências culturais (MACEDO, 2004).

10. Esse teste consiste num instrumento de investigação da capacidade de audibilização da criança, isto é, de suas habilidades de discriminação de sons, memorização e conceituação. Tal instrumento, elaborado por Golbert (1988), é dividido em três partes, sendo a primeira de discriminação fonemática, a segunda que trabalha com a memória de curto prazo e a terceira que investiga as capacidades conceituais.

Quadro 2: Itens avaliados na formação de conceitos

Itens propostos	Objetivos
Identificação de absurdos	Apontar a utilização errada do conceito estudado na frase dada pela pesquisadora e justificar a resposta.
Identificação de funções	Dar uma resposta lógica de acordo com o conceito estudado.
Definição de palavras	Usar outros signos para expressar o significado da palavra dada, de modo a favorecer a elaboração de uma rede semântica.
Organização sintático-semântica	Reunir significativamente as palavras dadas numa frase aplicando o conceito estudado.
Vocabulário de figuras	Escolher, dentre as gravuras expostas, a que representa o conceito dito pela pesquisadora.

Os momentos de mediação realizados pela pesquisadora, com o uso desse instrumento de conceituação, dividiram-se em três etapas com duração, em média, de cinquenta minutos cada uma e acontecia em ambiente apropriado, fora da sala de aula, onde era garantida a não interferência de outros sujeitos de modo a não intervir nas respostas. Assim, na sala ficavam apenas a pesquisadora, a criança com Síndrome de Down e a pessoa responsável pela filmagem.

A análise dos dados "construídos" durante o trabalho empírico foi feita a partir da triangulação dos dados da observação, entrevistas, aplicação de instrumento de conceituação e análise de documentos escolares e das produções das crianças com Síndrome de Down para verificar a apropriação dos conceitos trabalhados. A triangulação é feita através do cruzamento das informações provenientes do uso dos vários métodos que permitiram desvendar diferentes aspectos da realidade estudada e da complexidade do objeto investigado. "A técnica da triangulação tem por objetivo básico abranger a máxima amplitude na descrição, explicação e compreensão do foco em estudo" (TRIVIÑOS, 1987: 138).

Com vistas a sistematizar os resultados dessa pesquisa, este livro está organizado em cinco capítulos, sendo que no capítulo 1 realiza-se uma discussão sobre o processo de escolarização da pessoa com Síndrome de Down, percorrendo desde os episódios de segregação, até a proposta de inclusão e a perspectiva do currículo escolar voltado para o atendimento a esses sujeitos aprendentes.

No capítulo 2 é feita uma descrição analítica do processo de formação do pensamento conceitual tomando como base a teoria sócio-histórica e aspectos da psicologia cognitiva e discorre não apenas sobre processos psíquicos envolvidos nesta formação, mas aponta também para as interações com os outros sujeitos da cultura como determinantes para o desenvolvimento de processos psicológicos e, consequentemente, para a formação de conceitos. Em seguida, no capítulo 3, discute-se a mediação como favorecedora do processo de aprendizagem e da formação do sujeito num contexto determinado.

Nos capítulos 4 e 5 são analisados, respectivamente, de modo microgenético, os processos de formação conceitual dos sujeitos com Síndrome de Down inseridos na escola regular na construção da base alfabética da língua escrita e na área de Ciências. É importante ressalvar que, de modo algum, pretendeu-se um estudo comparativo dos trabalhos pedagógicos, mas a realização de uma análise contrastiva, de modo a apontar as potencialidades das crianças com Síndrome de Down, no processo de formação de conceitos em contextos escolares de educação inclusiva. Nesses capítulos, a discussão dos resultados aponta para as possibilidades de a pessoa com Síndrome de Down apropriar-se dos conceitos trabalhados na instituição escolar, porém demonstra que os processos psíquicos envolvidos na formação de conceitos também precisam ser mediados pedagogicamente, de modo a ajudar às pessoas com Síndrome de Down na retenção de conceitos, numa memória de longa duração, a fim de que os mesmos se transformem em desenvolvimento real.

Espera-se que este estudo sobre o processo de ensino e aprendizagem de conceitos por estudantes com Síndrome de Down, além de fornecer subsídios para o planejamento de ações docentes que contribuam para avanços no processo de formação conceitual desses estudantes, bem como para o processo de inclusão educacional, possa contribuir para o campo da Psicologia da Aprendizagem e para a compreensão dos processos de elaboração cognitiva de sujeitos aprendentes, com ou sem déficit intelectual.

1

A presença de crianças com Síndrome de Down na escola

Quando um estigma é imediatamente perceptível, permanece a questão de se saber até que ponto ele interfere com o fluxo da interação (GOFFMAN, 1988: 59).

1.1 Introdução à leitura sobre a Síndrome de Down

A Síndrome de Down está relacionada a uma cromossomopatia, ou seja, a uma anormalidade na constituição cromossômica que ocorre no momento ou após a concepção. Esse erro genético não tem relação com etnia ou classe social e se apresenta mais comumente sob a forma de um cromossomo extra no par 21, por isso é também chamada de trissomia 21 ou trissomia simples. Porém, outros tipos de alterações cromossômicas também foram detectados nos cariótipos de pessoas com Síndrome de Down como, por exemplo, a translocação e o mosaicismo. No entanto, em todos os três casos é sempre o cromossomo 21 o responsável pelas características fenotípicas peculiares dessa síndrome.

A translocação é resultado de reorganizações cromossômicas que se seguem à meiose ou divisão das células. Geralmente nesse rearranjo acontecem fusões entre os cromossomos 14 e 21, sendo que o cromossomo extra 21 está ligado a outro cromossomo, ocorrendo novamente um total de três cromossomos em cada célula. Esse fato incide em cerca de 4% das pessoas com Síndrome de Down. Nesses casos, muitas vezes, um dos pais possui 45 ao invés de 46 cromossomos, estando dois cromossomos ligados um ao outro, o que representa um fator potencial dessa pessoa ter um filho com Síndrome de Down.

No mosaicismo que ocorre em 1% dos casos, algumas células se apresentam com um cromossomo extra, totalizando 47 cromossomos e outras com 46 cromossomos, apresentando um tipo de quadro em mosaico. Há, portanto, duas formas de apresentação celular no cariótipo: uma trissômica e outra normal. As crianças com Síndrome de Down do tipo mosaicismo apresentam traços menos acentuados da síndrome e desempenho intelectual melhor (PUESCHEL, 2005).

As características dessa Síndrome foram descritas pela primeira vez em uma publicação pelo médico inglês John Langdon Down em 1866 e, por isso, hoje a síndrome leva o seu nome. Inicialmente, influenciado pelos estudos de Darwin, Down inferiu que aquelas características sindrômicas eram um retorno a um tipo étnico oriental primitivo, por isso criou o termo "mongolismo", popularizado durante muito tempo. Tal terminologia hoje é considerada politicamente incorreta, devido a trazer consigo conotações étnicas negativas com referência ao povo da Mongólia[1], além de promover estigmas e rotulações quanto à aceitação social destes sujeitos.

Após essa primeira descrição, outros registros sobre a Síndrome de Down foram publicados por Mitchell em 1876, e por Ireland em 1877, e enfatizavam, além das características físicas, a deficiência mental, considerando tais pessoas como idiotas (PUESCHEL, 2005). Esta terminologia, idiota, foi utilizada de 1886 a 1913 para referir-se a pessoas com déficits intelectuais (COLL; PALÁCIOS & MARCHESI, 1995).

Apenas em 1950 a etiologia da Síndrome de Down foi descoberta a partir do progresso científico e da visualização dos cromossomos. Nesse ano, Lejuene descobriu um cromossomo 21 extra em crianças com Síndrome de Down. Esse cromossomo extra pode estar presente no espermatozoide ou no óvulo antes da concepção; isto desfaz a concepção de que apenas a idade materna é fator responsável por causar a Síndrome de Down. Apesar disto, a elevada idade materna é considerada o principal fator de incidência desta síndrome. "A razão pela qual mulheres mais velhas apresentam risco maior de terem filhos trissômicos se prende, possivelmente, ao fato de que seus óvulos envelhecem com elas, pois a mulher já nasce com todos os óvulos no ovário" (SCHWARTZMAN, J., 2003: 20).

---

1. "A delegação mongólica que compareceu a uma reunião da Organização Mundial da Saúde solicitou, informalmente, que o termo não fosse mais utilizado" (SCHWARTZMAN, J., 2003: 15).

Durante muito tempo difundiu-se a ideia de que pessoas com Síndrome de Down teriam uma expectativa de vida pequena em função de problemas congênitos associados, sendo o principal deles a doença cardíaca. Porém, com a evolução da medicina e o acompanhamento mais efetivo dessas crianças, sabe-se que hoje as taxas de sobrevida aumentaram consideravelmente.

É importante considerar também que a Síndrome de Down não é uma doença e que, portanto, não há tratamento medicamentoso para ela. Diante disso, "pessoas com Síndrome de Down devem ser aceitas como são [...] observa[ndo] seus direitos e privilégios de cidadão e preserva[ndo] sua dignidade humana" (PUESCHEL, 2005: 103).

As crianças com Síndrome de Down, apesar de possuírem alterações fenotípicas semelhantes como: aparência arredondada da cabeça, pálpebras estreitas e levemente oblíquas, boca pequena podendo-se projetar um pouco a língua, única prega palmar, pescoço curto, mãos e pés pequenos e grossos etc. diferem entre si em aspectos gerais do desenvolvimento como: linguagem, motricidade, socialização e habilidades da vida diária. Porém, comumente apresentam crescimento físico mais lento, maior tendência a aumento de peso, atraso no desenvolvimento motor devido à hipotonia nos primeiros meses de vida, ou seja, menor tonicidade nos músculos e atraso no desenvolvimento mental.

> É evidente que o atraso no desenvolvimento motor da criança vai interferir no desenvolvimento de outros aspectos, pois é através da exploração do ambiente que a criança constrói seu conhecimento do mundo. Nas crianças com SD [...] [o] comportamento exploratório é impulsivo e desorganizado, dificultando um conhecimento consistente do ambiente, sendo que a exploração dura menos tempo (VOIVODIC, 2004: 43).

Essas características fazem parte do que Mantoan (2000: 21) chama de déficits reais, isto é, "limitações estruturais de natureza orgânica, traduzidas por impedimentos motores e/ou sensoriais [que] provocam trocas deficitárias entre o sujeito e o meio". No entanto, tais déficits não são tão comprometedores para o indivíduo quanto os déficits circunstanciais que representam a qualidade das trocas com o meio ou ausência das mesmas que podem produzi-los ou acentuá-los. Isto acontece não apenas devido à singularidade de cada criança, mas também ao fato de que "à medida que a criança recebe estímulos vai se adaptando a eles e vai criando ações num equilíbrio contínuo" (MILANI, 2005: 85).

Entretanto, as trocas com o contexto social estão fortemente relacionadas com a forma de como a sociedade lida com a diferença. É importante lembrar que as pessoas com Síndrome de Down possuem traços fenotípicos característicos o que contribui para a elaboração do estigma a elas imposto. Para Goffman (1988), o estigma é uma identidade social produzida a partir de referências depreciativas que não correspondem às exigências sociais do que o indivíduo deveria ser. Esse estigma constitui-se num estereótipo criado socialmente que reduz a pessoa ao seu "defeito" ou a sua "desvantagem". Portanto, no caso das pessoas com Síndrome de Down, é a visibilidade de sua diferença que favorece a sua estigmatização.

> Quando um estigma de um indivíduo é muito visível, o simples fato de que ele entre em contato com outros levará o seu estigma a ser conhecido. [...] Quando um estigma é imediatamente perceptível, permanece a questão de se saber até que ponto ele interfere com o fluxo da interação (GOFFMAN, 1988: 59).

Porém, o estigma imputado às pessoas com Síndrome de Down não é apenas com relação ao que é visível em suas características físicas, mas principalmente ao quadro de deficiência mental associado. Essa situação de desvantagem intelectual traz consigo o estigma da inferioridade, da incapacidade, da discriminação. Tais preconceitos são constituídos sob um padrão de julgamento elaborado socialmente a partir de um conjunto de expectativas normativas. Assim, quando o indivíduo com Síndrome de Down não consegue corresponder ao que lhe foi efetivamente exigido, ele é estigmatizado.

Diante disso, é muito importante para a criança com Síndrome de Down que a família contribua para romper esse quadro de estigma e possibilite a sua inserção em programas de estimulação precoce[2], em ambientes enriquecidos de educação apropriada, entendendo-se que a cada

---

2. O programa de estimulação precoce é destinado a bebês que passaram por alguma intercorrência, nos períodos pré, peri ou pós-natal que pode ocasionar problemas no desenvolvimento dessa criança. Nesse processo de atendimento são feitas avaliações, acompanhamento e tratamento periódico do bebê, a fim de ajudá-lo em seu desenvolvimento.

nova situação vivenciada novas construções cerebrais serão feitas possibilitando o alcance máximo de seu potencial.

As limitações sensório-motoras, sociais e intelectuais da criança com Síndrome de Down podem ser modificadas por meio da estimulação precoce, que também aumenta níveis de atenção, interesse e habilidades. De acordo com Gomes (2002), para Feuerstein a inteligência não é uma qualidade imutável. Ela pode ser modificada por intervenções e mediações favoráveis. No entanto, não basta exposição direta aos estímulos e experiências de vida. Para modificar significativamente os padrões de aprendizado são necessárias estratégias específicas de mediação do outro social.

Vale ressaltar que os programas de estimulação precoce não devem estar restritos a atividades clínicas, principalmente em se tratando de países, como o Brasil, onde é precário o atendimento básico à saúde para a maior parte da população. Diante da importância da estimulação precoce para acentuar o potencial da criança, esses programas devem estar acessíveis a toda comunidade e devem ser oportunizados socialmente a todos que deles têm necessidade, principalmente através de escolas inclusivas de Educação Infantil.

Paralelo ao processo de estimulação precoce, o trabalho da família é também essencial para as primeiras experiências de aprendizagem. A participação da criança com Síndrome de Down nas atividades sociais dos pais, por exemplo, igreja, supermercado, biblioteca, parque, festas, reuniões, também favorece seu desenvolvimento. Percebe-se assim a importância do entorno social (família, profissionais da saúde, educadores etc.) no processo de criação de situações de aprendizagem e desenvolvimento dessas crianças.

1.2 Escolarização das pessoas com Síndrome de Down: da segregação à inclusão

O processo histórico de escolarização das pessoas com Síndrome de Down não pode ser considerado diferente do processo de inclusão social das pessoas com deficiência mental. Desde a Antiguidade, a relação social com as pessoas com Síndrome de Down se dava de forma ambígua, por exemplo, achados arqueológicos da cultura Olmeca no México, datados de 1.500 a.C. até 300 d.C., apontam que "a criança com Síndrome de Down era considerada um ser híbrido deus-humano [resultado do cruzamento das mulheres idosas da tribo com o jaguar] e aparentemente cultuado como tal" (SCHWARTZMAN, J., 2003: 3).

Entretanto, na Grécia Antiga, os indivíduos com deficiência eram considerados não humanos, monstros, que eram abandonados para morrer. Na Idade Média, essas pessoas eram consideradas como resultado da relação entre a mulher e o demônio e, portanto, possuídas pelo demônio. Durante o período da Renascença, tais indivíduos eram frequentemente retratados, pois representavam o grotesco, o incomum.

No século XIX surgem escolas, institutos, oficinas e trabalhos científicos sobre a deficiência mental. Apesar da predominância do modelo médico[3], esses estudos realizados naquele momento histórico específico representaram um avanço para que hoje se possa falar do modelo social[4] da deficiência. Nesse período, em 1866, foram descritas as características relativas à Síndrome de Down. Porém, antes que esse termo fosse "amplamente aceito, as denominações mais utilizadas para essa condição foram imbecilidade mongoloide, idiota mongoloide, [...] cretinismo furfuráceo [...], acromicria congênita [...], criança mal-acabada [...], criança inacabada [...]" (SCHWARTZMAN, J., 2003: 13).

Porém, é no século XX, com a criação da Psicometria por Binet e Simon[5], que a deficiência mental deixa de ser abordada apenas do ponto de vista médico e passa a ser vista sob a perspectiva psicológica (MILANI, 2005). A testagem Binet-Simon apontava que "criança com atraso é aquela que não adquiriu os mecanismos intelectuais que correspondem à sua idade cronológica. [Em 1912, Stern introduz o conceito de Quociente Intelectual (QI)] [...] como o resultado da divisão da idade mental pela idade real e da multiplicação do resultado por cem; dessa forma, proporciona uma medida única da inteligência" (COLL, 2000: 28).

Com base na escala de QI, a classificação proposta por Terman em 1916 foi: acima de 140 – genialidade; 120-140 – inteligência muito acima da média; 110-120 – inteligência acima da média; 90-110 – inteli-

---

3. Modelo que analisava a deficiência sob o prisma das limitações orgânicas.

4. Compreensão de que a deficiência é também produzida socialmente a partir das limitações sociais impostas aos sujeitos.

5. Franceses que publicaram, em 1905, uma Escala Métrica da Inteligência para detectar crianças que apresentavam baixa capacidade intelectual no ingresso da escolaridade obrigatória.

gência normal; 80-90 – embotamento; 70-80 – limítrofe; 50-70 – cretino; 20-50 – imbecil.

Assim, a terminologia anteriormente utilizada: idiota, imbecil (1886-1913) foi sendo modificada para os termos: deficiência mental grave, leve, moderada, sendo também classificada como educável, treinável, dependente (1945-1970) (COLL; PALÁCIOS & MARCHESI, 1995). Hoje, com os avanços das pesquisas das neurociências, a tendência é de se considerar o desenvolvimento dessas pessoas a partir da compreensão da plasticidade cerebral considerada como "a capacidade adaptativa do sistema nervoso central [...] para modificar sua organização estrutural e funcional [...] permit[indo] o desenvolvimento de alterações estruturais em resposta à experiência" (SILVA & KLEINHANS, 2006: 130). Essa tendência aponta que pessoas com deficiência mental podem ser estimuladas, não sendo enfatizado o tempo necessário para se efetivar a aprendizagem, porém a possibilidade de desenvolvimento de suas potencialidades.

Tais mudanças foram sendo possíveis a partir de estudos teóricos que possibilitaram uma movimentação na sociedade mundial rumo à defesa de um processo de educação inclusiva para pessoas com necessidades educacionais especiais. Esse movimento mundial teve alguns marcos históricos importantes: em 1990, a realização da Conferência Mundial de Educação para Todos em Jomtien – Tailândia, durante reunião da Unesco, aprovou objetivos da Educação para Todos. Em 1994, em Salamanca – Espanha, a Conferência Mundial sobre Necessidades Educacionais Especiais: Acesso e Qualidade produziu o documento conhecido como Declaração de Salamanca que estabelece os princípios da inclusão de pessoas com necessidades educacionais especiais. Em 1996, no Brasil, a aprovação da Lei de Diretrizes e Bases da Educação Nacional 9.394/96 que, em seu Art. 85, preconiza a educação especial como "modalidade de educação escolar, oferecida preferencialmente na rede regular de ensino", ratifica as conquistas do movimento mundial pela inclusão e qualidade do ensino.

Porém, é importante considerar que essas conquistas no âmbito político e da legislação são imprescindíveis, porém não suficientes para demolir os obstáculos simbólicos e materiais impostos a tais pessoas durante séculos. Há que se promover políticas públicas que efetivem a inclusão social já assegurada no âmbito da legislação.

Outro movimento mundial que influenciou a mudança na relação com as pessoas com deficiência mental foi a política de desinstitucionalização psiquiátrica com a recolocação das pessoas que viviam segregadas ao convívio com a família e com a sociedade. Tal política representou um questionamento em profundidade da prática de exclusão social dos pacientes psiquiátricos e contribuiu para a discussão sobre a inclusão dessas pessoas na sociedade.

No entanto, apesar dessa influência, torna-se essencial neste contexto estabelecer a diferença entre doença mental e deficiência mental. Enquanto a primeira altera a percepção sobre si mesmo e a realidade circundante, a última se relaciona a um déficit intelectual.

> A deficiência mental é uma situação e não uma doença. Na deficiência mental há rebaixamento quantitativo das funções psíquicas [...] [porém] [...] as pessoas com deficiência mental não apresentam uma visão alterada de si mesmas nem da realidade. [...] A doença mental caracteriza-se pelo rebaixamento global e qualitativo das funções psíquicas [...]. Em geral, há prejuízos psíquicos decorrentes de distúrbios na afetividade, na sensopercepção e na qualidade do pensamento. A inteligência da pessoa com doença mental nem sempre é afetada; contudo, a percepção de si mesma e da realidade que a cerca quase sempre se torna comprometida (PRIOSTE; RAIÇA & MACHADO, 2006: 28, 29).

Entretanto, apesar do estabelecimento dessa diferenciação é importante considerar que a política antimanicomial, associada aos outros já citados eventos de repercussão mundial pela inclusão social das chamadas pessoas com necessidades especiais, contribuiu, favoravelmente, para o movimento pela educação inclusiva.

Numa perspectiva educacional, o processo de atendimento às pessoas com deficiência mental esteve, ao longo da história, direcionado por três paradigmas: o segregacionista, o da integração e o mais recente paradigma da inclusão. O paradigma segregacionista preconizava um sistema educacional dividido em dois subsistemas: regular e especial. "[...] Nos anos de 1950 e 1960, a resposta institucional às necessidades educacionais das crianças com deficiência mental foram as classes especiais ou centros educacionais específicos" (VOIVODIC, 2004: 58). Nesses centros, todos os serviços possíveis eram oferecidos, sendo assim minimizado o contato dessas crianças com o restante da sociedade considerada "normal".

Isto potencializava a segregação e a rotulação, tendo em vista que estudantes considerados com "baixa" capacidade intelectual eram encaminhados para escolas especiais, com base no pseudoideal de homogeneização. O atendimento às necessidades educacionais especiais era, então, baseado na proposta da "normalização" da pessoa com deficiência com o objetivo de torná-la apta para atender aos padrões estabelecidos socialmente. O objetivo era "conduzir os alunos com deficiência mental à mesma meta que a escola regular objetivava aos alunos considerados 'normais'" (VOIVODIC, 2004: 59). Isto significa desconsiderar a diferença, como se isto fosse indício de avanço, ao contrário, tal proposta provocava desvantagens por parte daqueles para os quais a deficiência trazia certas limitações reais.

No entanto, em seu processo de idealização, o princípio de normalização

> apregoa que todas as pessoas portadoras de deficiência têm o direito de usufruir condições de vida o mais comum ou "normal" possível, na sociedade em que vivem. [...] Normalizar não quer dizer tornar normal, mas significa dar à pessoa oportunidades, garantindo seu direito de ser diferente e de ter suas necessidades reconhecidas e atendidas pela sociedade (ENUMO, 2005: 336).

Porém, essa compreensão inicial de normalização trouxe consigo a ideia de transformar a proposta de atendimento à diversidade, que pressupõe o respeito às diferenças dentro de um contexto plural, em uma proposta de tolerância à diferença, o que mantinha o atendimento desigual na medida em que a atenção às diferenças pressupunha segregação, exclusão e desigualdade. O mais abusivo nesse conceito é segregar sob o falso prisma de dar oportunidade de direito de ser diferente e atender às necessidades reconhecidas. Na verdade, todo esse processo é permeado por relações de força, de poder, no interior das instituições escolares e a sua eficácia se dá no "reconhecimento pelos dominados da legitimidade da dominação" (BOURDIEU & PASSERON, 1982: 20). Aqueles que se apropriam da possibilidade de incluir/excluir fazem-no por assumirem uma posição de poder.

No discurso escolar é explícita a proposta de normalização, ou seja, a procura de formatação das pessoas, a busca de uma forma. A instituição tem o papel de instituir, estabelecer, decidir o instituído, a coisa estabelecida. A instituição exige certa adaptação para aqueles que dela desejam participar, atribuindo-lhes também um padrão de desenvolvimento que é fabricado e não dado de forma natural. Essa adaptação implica a aprendizagem de suas regras, no autocontrole e não transgressão.

Aqueles estudantes que não se encaixam no ideal concebido pela escola são trabalhados de forma que se adequem através das tentativas de normalização. O paradigma educacional que sustenta essa prática é o da integração escolar, e a ideologia que a subsidia é de que a escola trabalha da forma correta e que, portanto, os estudantes precisam submeter-se a ela. "Em suma, a escola não muda como um todo, mas os alunos têm de mudar para se adaptarem às suas exigências" (MANTOAN, 2003: 23).

No entanto, a imposição dessas significações, como legítimas, dá-se de forma dissimulada e acaba sendo reconhecida como legítima por aqueles que são excluídos do sistema escolar, ou pelos que o representam. Pode-se dizer que o que ocorre de fato é um fenômeno que pode ser chamado de *expulsão encoberta* (FERREIRO & TEBEROSKY, 1991).

Desse modo, o sistema de ensino funciona como seletivo e excludente, dissimulando a exclusão sob a ideia de seleção. Através da prática de classificação[6], disseminada principalmente pelos testes de inteligência de Binet e Simon, foi criado um estereótipo de estudante desejável e que está pautado em padrões considerados de normalidade cognitiva e de comportamento. A proposta é efetivada por sistemas de testagem realizados através dos exames escolares que escolhem os mais aptos pela classificação.

> As funções do exame não se reduzem aos serviços que ele presta à instituição [...] é suficiente observar que a maioria daqueles que, em diferentes fases do curso escolar, são excluídos dos estudos se eliminam antes mesmos de serem examinados e que a proporção daqueles cuja eliminação é mascarada pela seleção abertamente operada difere segundo as classes sociais (BOURDIEU & PASSERON, 1982: 163).

É nesse contexto normalizador da escola que a "pessoa com deficiência" é colocada. Nesse espaço, a eficácia do poder escolar está em se pro-

---

6. Essa prática contribuiu para respaldar o paradigma de segregação das chamadas "pessoas com deficiências" com a criação do "ensino especial" como um subsistema do sistema educacional.

duzir subjetividades, em docilizar e disciplinar corpos (FOUCAULT, 2004). As práticas educacionais estão relacionadas a práticas disciplinares de adestramento.

> A educação impõe, a si mesma, o dever de fazer de cada um de nós alguém; alguém com uma identidade bem definida pelos cânones da normalidade, os cânones que marcam aquilo que deve ser habitual, repetido, reto, em cada um de nós (PÉREZ DE LARA FERRE, 2001: 196).

Por outro lado, esse paradigma da integração, predominante até início da década de 90 do século XX, garantiu o acesso às diferenças na escola regular, "consentindo" na abertura do espaço escolar para os "diferentes", embora reproduzisse a segregação com a criação das chamadas "classes especiais"[7] na escola regular. Passou-se, assim, a viver outra forma de segregação, porém dentro de um mesmo contexto educacional. A proposta da integração fundamentava-se na concepção de que os "diferentes" deveriam se adequar às condições oferecidas pela escola, devendo buscar condições para garantir sua permanência e sucesso no ensino escolar.

Já o paradigma da inclusão traz consigo a proposta de repensar e reestruturar o sistema escolar, de forma que atenda às necessidades de *todos* os estudantes. Isso requer a superação: de práticas excludentes; da ideia de homogeneização dos grupos; de uma prática de ensino monológico baseado na transmissão. "Para que a diversidade humana possa se fazer presente como valor universal, a escola precisa assumir uma postura de construtora da igualdade, visando a incluir na tessitura social aqueles que vêm sendo sistematicamente excluídos" (JESUS, 2004: 38).

As diversas práticas de inclusão da pessoa com Síndrome de Down têm demonstrado que a mesma: 1) estimula o desenvolvimento de habilidades na convivência com as diferenças; 2) oportuniza interação entre estudantes – aprendizagem colaborativa; 3) favorece aspectos do desenvolvimento geral e aprimoramento da linguagem; 4) deve ser pautada no atendimento às necessidades educacionais específicas, sem abandonar os princípios básicos da educação propostos aos demais estudantes; 5) prevê um trabalho voltado para potencialidades; 6) requer, em algumas situações, um processo de adaptação curricular.

---

7. Composta por estudantes com deficiência ou multirrepetentes.

Portanto a inclusão da criança com Síndrome de Down efetivada desde a educação infantil exerce um papel importante no desenvolvimento da mesma, pois possibilita, dentre outras coisas: 1) a interação social; 2) o desenvolvimento psicomotor, por exemplo, da coordenação motora (grossa e fina); 3) o desenvolvimento da linguagem oral com a ampliação de vocabulário e de conceitos; 4) a aprendizagem da linguagem escrita, iniciada através de desenhos, registros diversos com ênfase na função social; 5) a possibilidade de ampliação dos referenciais para imitação; 6) a participação em atividades lúdicas; 7) o estabelecimento de limites; 8) a aprendizagem de habilidades da vida diária, como atos básicos necessários à sobrevivência e à integração social, por exemplo, cuidados com o corpo.

Pesquisas apontam que crianças com deficiência mental elaboram esquemas de interpretação da linguagem escrita e passam por conflitos cognitivos semelhantes àqueles identificados por Ferreiro e Teberosky (1991) nas crianças "sem deficiência" (BONETTI, 1997, apud SAAD, 2003) e que a estrutura e a forma de raciocínio dessas pessoas são similares às de pessoas mais jovens sem essa deficiência (INHELDER, 1963, apud MANTOAN, 2000).

Complementando os avanços já conquistados durante a Educação Infantil, o trabalho no Ensino Fundamental com a criança com Síndrome de Down deve favorecer, entre outros aspectos: 1) o desenvolvimento de habilidades acadêmicas básicas; 2) as competências no uso da linguagem: oral, escrita (leitura e escrita) e matemática; 3) a elaboração do pensamento conceitual abstrato; 4) a conquista da autonomia na vida diária através da operacionalização de um currículo funcional; 5) a competência social. No Ensino Médio deve-se acrescer o conteúdo funcional-vocacional, ou seja, a educação para o trabalho.

Para que esses avanços se efetivem é necessário garantir a formação de todos os profissionais da escola, a adaptação curricular e o trabalho de apoio aos pais (VOIVODIC, 2004) de modo que se favoreça uma educação de qualidade para todos não apenas para a criança com Síndrome de Down, mas para toda a classe onde acontece a inclusão.

Assim, o que precisa funcionar nessa proposta de educação inclusiva é um projeto sério de formação continuada dos professores do ensino regular, de modo que os permita conhecer melhor seus estudantes, em termos de potencialidades e necessidades, para que possam ressignificar suas intervenções, maximizando seus efeitos.

1.3 O currículo escolar para atender a pessoas com Síndrome de Down na escola regular

Como visto anteriormente, a educação das pessoas com deficiência mental foi embasada por diferentes paradigmas que perpassaram desde a proposta de segregação e integração até, nos dias atuais, a proposição da inclusão. A segregação dessas pessoas ocorria por não se acreditar em suas possibilidades de aprendizagem e desenvolvimento em ambientes comuns compartilhados por pessoas "sem deficiência". Na execução do paradigma da integração propunha-se a adaptação dessas pessoas às propostas curriculares da escola, tal como ela é aplicada, objetivando-se o enquadramento do educando ao currículo o que equivaleria à exigência de que ele declinasse de sua identidade, como se isto lhe fosse possível. Porém, o paradigma da inclusão defende que a escola precisa atender às necessidades educativas dos educandos que nela se inserem; isto significa deixar de ignorar os itinerários individuais, ou melhor, passar a ouvir e ver aqueles com quem não se falava, que não ouvia e via. Passar a ouvi-los e vê-los significa estar disposto a buscar pistas e indícios que apontem para a melhor forma de ajudá-los a aprender.

Ver e atender o outro considerando as suas diferenças não significa deixá-lo à margem dos vínculos sociais, mas inseri-lo em relações interpessoais, para que ele avance em seus processos de desenvolvimento e aprendizagem.

Porém, o que acontece é a ausência de um processo de adaptação do currículo às necessidades da criança com Síndrome de Down; isso a deixa excluída, embora inserida numa sala regular. Essa sensação de exclusão numa perspectiva inclusiva assemelha-se à discussão de não lugares trazida pela antropologia (AUGÉ, 1994). Como não lugares entendem-se espaços públicos de rápida circulação e deslocamentos impessoais na supermodernidade que chegam a estabelecer uma etnologia da solidão. Isso retrata o oposto do que deve ser uma proposta curricular para trabalhar com a Síndrome de Down na escola regular.

Essa ideia antropológica de não lugares é feita em oposição à ideia de lugar que está relacionado a um tempo e espaço determinado e pretendem-se identitários, relacionais e históricos, definindo-se por uma estabilidade mínima. "Num mesmo lugar, podem coexistir elementos distintos e singulares, sem dúvida, mas sobre os quais não se proíbe pensar nem as relações nem a identidade partilhada que lhes confere a ocupação do lugar comum" (AUGÉ, 1994: 53).

Por sua vez, os não lugares relacionam-se às áreas e "instalações necessárias à circulação acelerada das pessoas e bens" (AUGÉ, 1994: 36). Nesses lugares de ninguém os itinerários individuais e encontros são ignorados e todos os que circulam por eles acabam por se comportar de maneira fugidia.

Percebe-se que um não lugar é definido pela ausência de processos identitários, relacionais e históricos, configurando-se assim pelas passagens casuais e maneira fugidia como todos passam por ele.

Diante dessa compreensão, o lugar do currículo precisa ser (re)pensado em relação às pessoas com deficiência mental. A identidade e alteridade dessas pessoas precisam ser referendadas pela coletividade, de forma a garantir a necessária produção individual de sentido. A partir das vivências cotidianas do currículo é possível traçar seus itinerários particulares, de modo que potencialize o aprender. Para isso, é necessário valorizar as referências individuais, prestar atenção às singularidades e estabelecer, a partir daí, alterações curriculares que favoreçam aprendizagens. Por exemplo, "as conexões cerebrais das crianças portadoras da Síndrome de Down são mais lentas e fracas e por isso requerem mais repetições. A integração entre a ordem verbal e a resposta é difícil, porque a criança precisa fazer uma síntese entre a fala, a instrução e a ação" (MILANI, 2005: 50).

Um modo de se pensar essas singularidades é retomando as ideias de tempo trazidas pelos gregos: *chronos* e *kairós*. "A palavra portuguesa 'tempo' vem do latim *tempus*, derivado do termo grego *temno*, 'cortar', 'decepar'. O tempo é aquilo que divide o dia em frações" (CHAMPLIN & BENTES, 1997: 454). Para os gregos, o tempo *chronos* diz respeito a um período demarcado, específico. Porém, o tempo *kairós* traz consigo a concepção de longos períodos, de ciclos.

Essa dupla forma de pensar o tempo possibilita um questionamento sobre o tempo estabelecido pelo currículo escolar para que se processe a aprendizagem. Pensando como os gregos, vê-se que esse tempo estabelecido pelo currículo em unidades ou bimestres, semestres e anos letivos são formas cronológicas de se demarcar o tempo de aprender. Mas, será que o aprendizado está limitado a essa esfera cronológica do tempo, ou será que as singularidades conferem a cada aprendente um tempo diferente de aprender, um tempo que pode requerer longos períodos ou ciclos?

Spinoza via a limitação do tempo como uma percepção inadequada ou tentativa de limitação da realidade. Kant entendia o tempo como uma categoria *a priori* da mente que era imposta ao mundo material (CHAMPLIN & BENTES, 1997).

Essas percepções de que tentar limitar o tempo é limitar a realidade ou uma forma de imposição de uma categoria mental ao mundo real trazem consigo a complexidade que é estabelecer períodos delimitados para que determinadas aprendizagens aconteçam.

Diante da compreensão dessa complexidade, Bergson refere-se "ao tempo como uma mudança qualitativa que inevitavelmente envolve alterações – o 'ir-se tornando'" (CHAMPLIN & BENTES, 1997: 454).

Essa concepção de tempo aponta para a transformação, o movimento que faz com que uma potencialidade se concretize. É com base nessa concepção que se pode discutir o lugar de estudantes com Síndrome de Down no currículo da escola regular. Enquanto essa escola se pautar na ideia de tempo *chronos* é possível se pensar em não lugares no currículo da escola regular para aprendentes com Síndrome de Down.

Essa necessidade de se pautar num tempo *kairós* para o atendimento escolar da pessoa com Síndrome de Down é referendada por pesquisas que apontam singularidades dessas pessoas com "defasagem na linguagem receptiva, na qual estão envolvidas a memória e o processamento auditivo de informações" (BISSOTO, 2005: 84).

Diante disso, construir um currículo que atenda a pessoas com Síndrome de Down significa, sobretudo, entender a orientação rousseauniana que "a criança tem maneira de ver, de pensar e de sentir que lhe são próprias [...] [e que, portanto, o seu conselho para os professores era] começai a estudar vossos alunos, pois certamente não os conheceis em nada" (ROUSSEAU, apud PIAGET, 1998: 143).

A partir dessa compreensão de Rousseau, é importante delinear algumas características presentes no processo de aprendizagem da pessoa com Síndrome de Down para que o seu acompanhamento escolar venha ser adequado às suas necessidades, embora isto não signifique que o ensino a ela direcionado seja inferior aos demais.

De acordo com Mills (2003: 235), o processo de alfabetização da pessoa com Síndrome de Down (SD) deve considerar o seu atraso na aquisição da linguagem "aos seis anos, a criança com SD ainda não adquiriu parte de seu sistema fonológico". Essa autora ainda aponta que o ensino direcionado a pessoas com Síndrome de Down deve considerar também as suas potencialidades com relação a diferentes expressões de artes (música, dança, canto etc.).

Voivodic (2004) discute que em pessoas com Síndrome de Down é comum o déficit de atenção e, consequentemente, um déficit em relação ao acúmulo de informações na memória imediata, o que afeta a produção e processamento da linguagem.

> A criança não reproduz frases, pois retém somente algumas palavras do que ouve. Apresenta também déficit na memória a longo prazo, o que pode interferir na elaboração de conceitos, na generalização e no planejamento de situações (VOIVODIC, 2004: 45).

Por muito tempo, não se investiu na elaboração do pensamento conceitual por estudantes com Síndrome de Down por se pensar de forma determinista que "os indivíduos com atraso mental podem atingir uma maturidade humana e social dentro das limitações de sua inteligência, embora esta não atinja os níveis formais de abstração" (MILANI, 2005: 55).

Porém, numa perspectiva sócio-histórico-cultural entende-se que, em todas as situações, as condições para o atraso no desenvolvimento não são determinadas apenas pelo fator biológico, mas também pelo fator ambiental ou sociointeracional. Daí porque se torna importante também conhecer a história familiar das crianças, a forma com que os pais lidaram com a notícia de possuírem um filho com Síndrome de Down, pois a qualidade na interação com os pais, para o desenvolvimento dessa criança influencia nos aspectos cognitivo, linguístico e socioemocional (VOIVODIC, 2004). A forma como a mãe do bebê com Síndrome de Down lida com sua responsividade aos estímulos, pode provocar avanços ou atrasos em seu desenvolvimento, pois, de modo geral, eles são mais apáticos, possuem reações mais lentas, o contato com os olhos começa mais tarde e isto pode ocasionar baixa expectativa e maior diretividade da mãe no processo de interação com seu bebê, não oportunizando situações para o seu desenvolvimento.

A educação de pessoas com deficiência está centrada em dois enfoques: o tradicional e o cultural-integrador. O enfoque tradicional se baseia no déficit, ou seja, nos limites que tem a pessoa com necessidade especial de, individualmente, dar as respostas esperadas. O enfoque cultural-integrador se volta para o currículo como forma de atender às demandas trazidas à escola para o trabalho com a diversidade (TORRES GONZÁLEZ, 2002).

O enfoque tradicional coloca as falhas no processo de aprender como sendo um problema inerente ao estudante, resultado de sua "deficiência". Dessa forma, propõe que a atenção às pessoas com necessidades especiais deve ser feita fora da educação regular e à margem desta. As implicações pedagógicas trazidas por esse enfoque apontam para duas possibilidades de atendimento educacional: 1) educação diferenciada, isto é, a criação de subsistemas, dentro do sistema educacional, para atender às peculiaridades dos diversos sujeitos; 2) educação compensatória vista como oportunidade de se desenvolver nos sujeitos, com dificuldades, capacidades que lhes faltavam, eliminando ou diminuindo as diferenças diagnosticadas.

Ambas as possibilidades retiram da escola a responsabilidade quanto ao processo de aprendizagem dos estudantes com necessidades educacionais especiais. Enquanto a primeira traz consigo uma ideia imobilista e contrária à crença na modificabilidade do ser humano, a segunda propõe a modificação da pessoa com necessidade educativa especial de forma que essa se adeque a proposta da escola.

O segundo enfoque, cultural-integrador, traz para a escola o dever de dar respostas que atendam satisfatoriamente às demandas dos estudantes. Esse entendimento baseia-se na ideia de que a educação é direito de todos e, portanto, não deve haver restrições ao seu acesso. Assim, educação especial é entendida como incluída no quadro geral da educação regular, sendo necessária para sua prática a compreensão da importância da intervenção educativa para a modificabilidade do sujeito, ao longo do processo de desenvolvimento.

A proposta de inclusão colocou para a escola regular o desafio da atenção à diversidade e trouxe como necessidade um currículo que abrangesse o atendimento a esses estudantes prevendo a

> inserção de todos, sem distinção de condições linguísticas, sensoriais, cognitivas, físicas, emocionais étnicas, socioeconômicas ou outras e requer sistemas educacionais planejados e organizados que deem conta da diversidade dos alunos e ofereçam respostas adequadas às suas características e necessidades (BRASIL, 1999: 17).

Assim, a escola precisa estar preparada para garantir, entre outras coisas, condições de acesso a sua proposta curricular e, também, a adequação dessa proposta de forma, a atender às necessidades individuais dessa "nova" demanda de estudantes. O currículo é o instrumento que a escola possui para adaptar-se às necessidades dos estudantes e, portanto, necessita ser flexível e comprometido com uma educação não segregadora, oferecendo respostas à complexidade de interesses, problemas e necessidades que acontecem na realidade educacional.

A proposta que tem sido assumida pela Secretaria de Educação Fundamental e Secretaria de Educação Especial do Ministério da Educação, através dos Parâmetros Curriculares Nacionais, é a de adaptação curricular, definindo-a como "decisões que oportunizam adequar a ação educativa escolar às maneiras peculiares de os alunos aprenderem, considerando que o processo de ensino-aprendizagem pressupõe atender a diversificação de necessidades dos alunos na escola" (BRASIL, 1999: 15).

Essas modificações necessárias nos diversos elementos do currículo básico para adequá-los às demandas dos estudantes com necessidades educacionais especiais podem ser categorizadas de acordo com determinados níveis, podendo abranger a escola, a turma ou apenas um indivíduo. A *adaptação curricular para a escola* deve estar voltada para a totalidade dos estudantes sendo, portanto, gerais, isto é, não objetivam dar respostas individuais e possuem um caráter facilitador dos processos de ensino-aprendizagem. A *adaptação curricular feita para atender uma turma* volta-se para um grupo concreto de estudantes que apresentam necessidades educacionais especiais e a *adaptação curricular focada no indivíduo* implica modificações do currículo geral para atender ao sujeito concreto. Por exemplo, "as crianças com Síndrome de Down ficam fatigadas com muita rapidez, o que prejudica sua atenção em atividades muito longas" (MILANI, 2005: 71). Isto implica que adaptações curriculares são necessárias para que o seu processo de aprendizagem não fique comprometido.

Essa proposta baseia-se no pressuposto vygotskyano de que o aprendizado movimenta o desenvolvimento, produzindo uma constante modificabilidade do sujeito e uma visão do desenvolvimento psicológico, de forma prospectiva, isto é, fundamentada naquilo que pode ser feito, através da interação com outros sujeitos mais maduros da cultura (VYGOTSKY, 1998a). Essa compreensão deixa claro que, nas modificações curriculares, os procedimentos de mediação na escola (demonstração, assistência, fornecimento de pistas, instruções) são fundamentais para promover um ensino inclusivo capaz de favorecer o desenvolvimento.

Segundo o critério de adequação dos elementos do currículo, as adaptações curriculares podem envolver condições de acesso ao currículo e assegurar modificações em elementos básicos do currículo. Para Coll (2000: 121),

> um modelo de currículo fechado, em que os diferentes componentes curriculares – objetivos, conteúdos, atividades de ensino e de aprendizagem, atividades de avaliação, critérios de avaliação etc. – estejam completamente fixados e predeterminados com independência dos alunos e o seu processo concreto de aprendizagem dificilmente poderá, de fato, dar uma resposta educativa adequada à diversidade.

Assim, as *adaptações de acesso ao currículo* respondem às necessidades específicas de um grupo de estudantes que apresentam dificuldades materiais ou de comunicação implicando revisão das condições físico-ambientais (barreiras arquitetônicas), recursos didáticos e mobiliários (mesas e cadeiras adaptadas) ou uso de linguagem específica ou complementar (Braille e língua de sinais). As *adaptações nos elementos básicos do currículo* envolvem ajuste nos elementos centrais da ação educativa como: 1) *a forma de avaliação* implicando adaptar procedimentos e instrumentos de avaliação; 2) *a metodologia* através do uso de estratégias que facilitem o acesso aos objetivos e conteúdos; 3) *o conteúdo e o tempo* que implicam introduzir, priorizar ou eliminar objetivos de forma a favorecer a aprendizagem dos estudantes com necessidades educacionais especiais.

Essas adaptações do currículo geral podem abranger diferentes graus de significatividade podendo ser: significativas e não significativas. As significativas implicam a introdução ou eliminação de ensinamentos básicos do currículo oficial (objetivos, conteúdos, critérios de avaliação). As não significativas são realizadas nos diferentes elementos da programação planejada para todos os estudantes, mas não implicam modificação da programação proposta para o grupo. Quando as adaptações curriculares não significativas atendem de forma insatisfatória aos problemas apresentados pelos estudantes, são necessárias adaptações significativas que os atendam de forma mais individualizada. Pois, "quando o que é exigido dos alunos não é considerado em uma base individual, a apatia com relação ao trabalho escolar pode surgir como resultado" (STAIN-BACK & STAINBACK, 1999: 241).

Portanto, vê-se que falar de adaptações curriculares significa falar de uma ação da escola para responder às necessidades de aprendizagem dos estudantes, promovendo modificações necessárias nos elementos do currículo a fim de adequá-lo às diferentes situações e necessidades de aprendizagem emergidas no grupo ou provenientes de indivíduos específicos.

2
A formação do pensamento conceitual

O movimento que cria o mundo do pensamento é o mesmo que abre o pensamento ao mundo (MORIN, 2005: 77).

A discussão acerca do processo de formação do pensamento conceitual assumida neste capítulo não se restringe ao entendimento de conceitos como algo estático, imutável ou a definições, significados ou listagem de propriedades, ao contrário, a formação de conceitos é aqui analisada do ponto de vista histórico-cultural, entendendo-se sua dimensão dinâmica; caráter mutável e sua constituição em redes semânticas de significados e sentidos que se inter-relacionam.

Porém, para entender melhor como se processa, no sujeito histórico-cultural, a formação de conceitos, optou-se por analisar neste capítulo a influência de processos psíquicos, que também são constituídos, no/pelo indivíduo, num contexto social e cultural, no decurso do seu desenvolvimento e da internalização de conceitos. Apesar de tais processos psíquicos serem exaustivamente estudados pela psicologia cognitiva e pela neuropsicologia, neste livro a dimensão abordada pretende considerar o aparato biológico como suporte para a inserção e interação do homem no mundo e, portanto, passível de interferir e receber as influências do meio social e cultural no seu desenvolvimento.

Segundo Bakhtin (2004: 48), "os processos que [...] determinam o conteúdo do psiquismo desenvolvem-se não no organismo, mas fora dele, ainda que o organismo individual participe deles". Assim, a discussão aqui efetivada não pode ser reduzida a processos fisiológicos ou do sistema nervoso, pois se entende que os processos psíquicos são constituídos a partir de uma realidade semiótica que inclui a ação fundamental dos signos, da significação. A palavra é, então, entendida como a base da vida psíquica.

Desse modo, entende-se que todas as funções psíquicas como, por exemplo, a atenção, percepção e memória, além de possuírem uma base material neurológica, possuem raízes sócio-históricas em sua constituição e são elas que fundamentam as formas superiores da atividade mental humana.

> [...] As atividades cognitivas superiores guardam sua natureza sócio-histórica e [...] a estrutura da atividade mental – não apenas seu conteúdo específico, mas também as formas gerais básicas de todos os processos cognitivos – muda ao longo do desenvolvimento histórico (LURIA, 2002: 22).

Os conceitos, que são parte dos processos mentais superiores, são formados a partir de processos psíquicos que envolvem percepção, atenção, classificação, abstração e generalização de objetos, imagens e signos. Segundo Oliveira, Marcos (1999), os conceitos são ferramentas com as quais se executa o pensamento, mas também possibilitam uma ação no sentido de adaptá-los para se tornar mais eficaz a ação de pensar. Portanto, os conceitos são sempre passíveis de modificações e transformações em um processo de interação social que promove reflexão.

De acordo com L.S. Vygotsky (1896-1934), considerado psicólogo russo, o processo de formação conceitual está imbricado na constituição histórico-cultural do humano. Para ele, a internalização de conceitos tem início antes da vida escolar da criança, através das interações que esta estabelece com o mundo que a cerca. "Na perspectiva vygotskyana, os conceitos são entendidos como um sistema de relações e generalizações contido nas palavras e determinado por um processo histórico-cultural" (REGO, 2001: 76).

> A formação de conceitos é o resultado de uma atividade complexa em que todas as funções intelectuais básicas tomam parte. No entanto, o processo não pode ser reduzido à associação, à atenção, à formação de imagens, à inferência ou às tendências determinantes. **Todas são in-**

> **dispensáveis, porém insuficientes sem o uso do signo, ou palavra**[1], como o meio pelo qual conduzimos as nossas operações mentais, controlamos o seu curso e as canalizamos em direção à solução do problema que enfrentamos (VYGOTSKY, 1996: 50).

Nesse sentido, a formação do pensamento conceitual envolve pensamento e linguagem, além de processos cognitivos e metacognitivos. Tais processos serão discutidos, ao longo deste capítulo, de modo a favorecer a compreensão da formação dos conceitos. Embora a discussão que se segue ter sido estruturada analisando cada processo psíquico separadamente, essa opção tem fins meramente didáticos, pois na estrutura cognitiva humana esses elementos não são independentes, mas fazem parte de um todo complexo e se relacionam de maneira constante e dinâmica, constituindo, deste modo, o psiquismo humano que é estruturado através da linguagem.

2.1 Processos psicológicos envolvidos na formação de conceitos

2.1.1 Atenção

Um dos processos psíquicos básicos e que subsidia a constituição dos demais é a atenção. De acordo com estudos da neuropsicologia, os mecanismos atencionais são "essenciais para os processos cognitivos e/ou de aprendizagem" (NABAS & XAVIER, 2004: 78). Por outro lado, disfunções nesses mecanismos são também responsáveis pelo desenvolvimento de desordens cognitivas.

Entende-se por atenção a atitude do organismo de adaptar órgãos, internos e externos, aos estímulos, que podem ser também internos e externos, de modo a selecionar uma parte de tais estímulos, colocando-a em condição diferente das demais (VYGOTSKY, 2001).

Assim, estar atento a algo significa estar distraído com as outras situações circundantes. A atenção leva o organismo a reagir de modo adequado e consciente, enquanto que a distração provoca uma ausência, atraso ou despropósito na resposta dada. Isto acontece, pois no sistema

---

1. Grifo nosso.

atencional há funções, dentre as quais: orientação para os estímulos sensoriais; processamento consciente de sinais e manutenção de um estado de alerta ou vigília.

> Desta forma, a atenção é vista como resultante da interação entre a relevância da informação e o estado geral de alerta do organismo e é necessária para processos adicionais ao processamento de informações, como o efluxo motor (resposta), arquivamento na memória etc. (NABAS & XAVIER, 2004: 85).

Embora a atenção seja uma forma de concentração, ela apresenta instabilidade em aspectos relacionados à intensidade e a durabilidade. Essa instabilidade relaciona-se não apenas aos aspectos externos, como aos estímulos do ambiente que atraem a atenção devido à força ou à expressividade. Porém, também está relacionada a processos internos, sendo que "o objeto da atenção se torna a própria vivência, a atitude ou pensamento do homem" (VYGOTSKY, 2001: 154).

Nabas e Xavier (2004) discorreram sobre dois processos atencionais: a atenção voluntária que direciona, de modo intencional, os recursos de processamentos do sujeito para a informação, devido a sua relevância no momento; e a atenção automática que, devido à velocidade de fatores externos na captação da atenção, não requer controle ativo do sujeito.

No contexto da educação formal, a atenção voluntária é desencadeada quando a atividade proposta pelo professor é considerada difícil pelos aprendentes ou requer: planejamento para tomada de decisões; solução de problemas; utilização de novas sequências; ou superação de respostas habituais (NABAS & XAVIER, 2004).

Porém, em ambos os processos atencionais, o objeto da atenção é levado até a consciência e passa a ser percebido de modo significativo. Isso acontece devido à existência anterior de um significado, a que Vygotsky (2001) chamou de apercepção, ou seja, o envolvimento da experiência anterior na constituição da nova experiência. Essa experiência anterior "determina o modo pelo qual o novo objeto será percebido" (VYGOTSKY, 2001: 179).

Desse modo, infere-se que a atenção está não apenas intimamente ligada à necessidade do organismo, sendo para este uma forma de orientar, organizar, administrar e controlar os estímulos internos e/ou externos, como também ligada às vivências anteriores do sujeito em seu meio sociocultural.

Do mesmo modo que as demais funções psíquicas, a atenção desenvolve-se no decorrer da vida humana. Inicialmente, o seu caráter é, majoritariamente, instintivo-reflexivo, mas gradualmente orienta-se para as necessidades mais importantes do organismo, transformando-se em atitude arbitrária. Nessa etapa infantil do desenvolvimento a atenção é orientada pelo interesse "e, por isso, a causa natural de distração da criança é sempre a falta de coincidência de duas linhas na questão pedagógica: do interesse propriamente dito e daquelas ocupações que são propostas como obrigatórias" (VYGOTSKY, 2001: 162).

Diante disso, Vygotsky sugere que a educação deve ter o interesse do aprendente como ponto de partida e que, portanto, o professor deve, em primeiro lugar, ajudar o aprendente a se interessar pelo conteúdo proposto; em segundo lugar, prepará-lo para ação; em terceiro lugar, preparar sua atenção trazendo aspectos relevantes e, por fim, suscitar a expectativa do novo.

Isso requer do professor preparo e organização antecipados do material a ser utilizado para a captação da atenção; uma apresentação desse material, de modo que mobilize a atenção do aprendente, evitando exposições verbais e/ou atividades prolongadas; e a organização pedagógica da aula, de modo que os momentos de maior atenção coincidam com os dos trabalhos mais importantes. Resumindo, isso requer uma ação mediadora eficaz do professor, que deve ter consciência de que as atividades propostas para o aprendente favorecem a construção do processo de aprendizagem, revelando seus objetivos e o percurso de tal aprendizagem.

Esse processo de mobilização do sujeito para o trabalho a ser desenvolvido cria base para a formação de processos subsequentes que favorecem a aprendizagem e a formação do pensamento conceitual.

Finalizando, cabe também ao professor mediador contribuir para que o aprendente consiga resolver mais rapidamente certas ações, isto é, deixe-as a cargo dos centros nervosos inferiores que passarão a desenvolvê-las autonomamente e, assim, libere os processos atencionais para atividades mais complexas, como por exemplo o processo de formação do pensamento conceitual.

Percebe-se, assim, nessa discussão de mediação do outro social nos processos atencionais, o entendimento de que a atenção não é restrita ao campo biológico, mas pode sofrer interferências do contexto no qual o aprendente está inserido.

2.1.2 Percepção

Neste trabalho, os processos perceptivos não são vistos como meramente fisiológicos e universais, mas como também influenciados pelo desenvolvimento sócio-histórico. De acordo com Luria (2002), a percepção é um processo psíquico complexo que envolve análise, síntese, classificação, categorização, tomada de decisão, sendo, portanto, similar às atividades cognitivas mais complexas, pois está ligada às funções de abstração e generalização da linguagem.

Por isso, a percepção é outra função psíquica que está envolvida no processo de formação de conceitos, pois é a partir dela que o sujeito captará, selecionará, interpretará e transformará as palavras, sentidos e significados provenientes da sua relação com o entorno social. Assim, as práticas humanas, historicamente estabelecidas, influenciam no processo perceptual. Contudo, do mesmo modo que outras funções psíquicas, a percepção evolui ou se modifica no decorrer do desenvolvimento, dependendo fundamentalmente da vivência do sujeito em seu contexto cultural.

Para Vygotsky (1998b), as percepções estão relacionadas à atribuição de sentido ao objeto percebido, ou seja, quanto mais o objeto ou situação é significativo para o aprendente ou vivenciado por este, mais ele tem condições de percebê-lo. Esse sentido está ligado à compreensão, à interpretação e à denominação do objeto, em suma, depende do significado que acompanha a percepção do pensamento visual.

> [...] A linguagem é o elemento mais decisivo na sistematização da percepção; na medida em que as palavras são, elas próprias, produto do desenvolvimento sócio-histórico, tornam-se instrumentos para a formulação de abstrações e generalizações e facilitam a transição da reflexão sensorial não mediada para o pensamento mediado, racional (LURIA, 2002: 67).

No entanto, esse sentido evolui de acordo com as fases do desenvolvimento da linguagem infantil. Inicialmente, antes da aquisição da linguagem, a percepção se dá de modo interconectado ao processo sensório-motor e ao processo emocional. Assim, a construção do significado relaciona-se, num primeiro momento, à percepção sensório-motora e à reação emocional, distanciando-se, paulatinamente, para processos mais abstratos que estão na memória. Por exemplo, ao ler um texto, a criança percebe visualmente as palavras registradas, essa percepção visual significa o registro sensorial dos signos ali representados. Paralelamente, inicia-se a busca do sentido e significado das palavras. Essa busca se dá quando o sujeito estabelece relação entre o que está sendo lido e o que ele já possui internalizado.

Essa relação da percepção com a memória acontece, pois os conceitos não são desenvolvidos espontaneamente pela criança, ao contrário, eles relacionam-se com o significado que cada palavra assume na linguagem dos adultos internalizada/memorizada pela criança em sua relação com a cultura.

Entende-se, portanto, que a percepção não é meramente algo do campo visual e biológico, mas é significada a partir da aquisição da linguagem que se dá num contexto social e cultural.

2.1.3 Memória

De acordo com a teoria cognitiva do processamento da informação humana (BORUCHOVITCH, 1999), a qual estabelece relações entre a forma como o homem e o computador fazem seus registros e processsam o que vem do meio externo, a memória é, inicialmente, sensorial, pois há, em primeiro lugar, um registro sensorial da informação. Em seguida, se há significatividade na informação, esta é "guardada", por pouco tempo, na memória de curta duração, através da repetição ou reverberação.

A memória de curta duração é considerada pela neurociência como importante para o desempenho de tarefas que envolvem desde a retenção de dígitos até a compreensão da linguagem, o cálculo mental e a verificação semântica (NABAS & XAVIER, 2004). No entanto, como o próprio nome já traz, essa memória se caracteriza pela perda rápida da informação, pelo seu caráter efêmero e capacidade de processamento de poucos itens que são substituídos, gradativamente, pelos novos que chegaram.

Portanto, a informação é "trabalhada" na memória de curto prazo, também chamada de memória operacional (BUENO & OLIVEIRA, 2004), devendo ser compreendida, codificada e só então "armazenada" na memória de longa duração. Assim, esse armazenamento não significa uma sobreposição desses conteúdos e conceitos, mas a codificação e classificação dos mesmos, tornando possível a memorização. Essa codificação é a própria habilidade de classificar e agrupar as informações, transformando-as num sistema semântico. Para composição desse sistema é necessária a memória fonológica que é essencial para a aprendizagem de palavras ou signos que, por sua vez, compõem os conceitos.

Outra função da memória operacional é a manipulação de informações relevantes para a ação imediata. Através dela, o sujeito classifica e organiza a informação, relacionando-a com outras já existentes na memória de longa duração.

Nessa etapa, o sujeito passa a trabalhar com a informação, utilizando-se da atenção, manipulação, organização e recuperação de modo a exercer controle voluntário da informação ou do conceito. A esse controle voluntário, Boruchovitch (1999) chama de metacognição, que se trata da capacidade de dirigir o próprio progresso das atividades psíquicas. Para essa autora, a escola pode potencializar, no aprendente, o processamento dessa informação ou a formação dos conceitos através do ensino de estratégias de aprendizagens[2] (cognitivas e metacognitivas) que o ajudem a armazenar, recuperar e controlar a informação.

Para Vygotsky (1998b), esse desenvolvimento da memória humana não se dá de forma linear. Isso significa que é possível memorizar algo de forma direta ou de modo mediado, isto é, quando a memorização é feita

---

2. Segundo Boruchovitch (1999), estratégias de aprendizagem são métodos ou procedimentos com propósito de facilitar a aquisição, o armazenamento e/ou a utilização da informação. Elas podem ser cognitivas e metacognitivas. As cognitivas influenciam na eficácia do processo da aprendizagem e armazenamento da informação, como por exemplo: as estratégias de ensaio ou repetição do material a ser aprendido; de elaboração de conexões entre o novo material aprendido e o já existente na estrutura cognitiva; e de organização ou estruturação do material a ser aprendido, por exemplo, a organização dos conceitos em mapas conceituais. As estratégias metacognitivas são procedimentos para planejar, monitorar e regular o próprio pensamento, dando autoconsciência do processo de aprendizagem e de suas dificuldades. São elas: estratégia de planejamento ou de organização de atividades apropriadas para a aprendizagem em uma tarefa; estratégia de monitoração da capacidade de supervisionar o próprio processo de aprendizagem; e estratégia de regulação que executa a modificação do comportamento para melhorar déficits de compreensão.

com ajuda de meios auxiliares que são utilizados para potencializar o processo mnemônico.

A neuropsicologia estabelece relações entre a memória e as emoções, declarando que "acontecimentos emocionalmente carregados são mais bem lembrados do que aqueles desprovidos de conteúdo emocional" (BUENO & OLIVEIRA, 2004: 150). De igual modo, estabelece a diferenciação entre memória episódica e memória semântica.

> Memória episódica é um sistema que recebe e armazena informações sobre eventos ou episódios temporalmente datados, e as relações temporoespaciais entre eles [...], [ao passo que] [...] memória semântica é a memória necessária para o uso da linguagem. É um dicionário mental, o conhecimento organizado que a pessoa possui a respeito de palavras e outros signos verbais, seu significado e referentes, a respeito de relações entre eles, e a respeito de regras, fórmulas e algoritmos para a manipulação dos símbolos, conceitos e relações (TULVING, 1983, apud BUENO & OLIVEIRA, 2004: 152).

Conforme se observa na fala do autor, a memória semântica diz respeito ao significado ou dicionarizado, como se o conceito fosse um rol de palavras ou uma lista de propriedades relacionadas a algo. Isso difere da concepção de conceito assumida neste livro que discute a inter-relação entre conceitos, a dinâmica e a historicidade neste processo formativo. Porém, assume-se também aqui que parte do processo de internalização de conceitos envolve a memorização dos mesmos; isto significa a relação do novo conceito apreendido a outros já existentes no sujeito. Entretanto, esse processo de memorização pode ser culturalmente mediado por signos ou ferramentas.

Quando a criança utiliza signos e operações auxiliares para memorizar algo, ela não exige tanta memória, pois cria novas conexões imaginativas que possibilitam a capacidade de memorização. Essa forma de memorização mediada foi utilizada historicamente pelo homem, de modo que este

> criou novos procedimentos, com a ajuda dos quais conseguiu subordinar a memória a seus fins, controlar o curso da memorização, torná-la cada vez mais volitiva, transformá-la no reflexo de particularidades cada vez

mais específicas da consciência humana (VYGOTSKY, 1998b: 43).

Dessa forma, a memorização mediada desempenha um papel importante para a memória verbal ou a formulação verbal dos acontecimentos, pois representa a possibilidade de consciência do sujeito sobre seus próprios processos mentais.

Porém, essa memória mediada e verbal é aprendida socialmente. No início do desenvolvimento humano, mais especificamente na infância, há uma forte correlação entre pensamento, concreticidade e memória; isto significa que a criança não consegue, inicialmente, descontextualizar seu pensamento e que, portanto, sua memória se confunde com a coisa propriamente dita ou com seus atributos. "Na infância precoce, a memória constitui uma função dominante, que determina um certo tipo de pensamento, e [...] a transição ao pensamento abstrato dá lugar a um novo tipo de memorização" (VYGOTSKY, 1998b: 47).

No processo de formação de conceitos, por exemplo, a criança pequena costuma determinar o conceito a partir das suas lembranças sobre o objeto a ser conceituado. Diante disso, o conceito não se constitui o objeto do pensamento para a criança, mas a lembrança de atos ou objetos concretos. Assim, "o pensamento infantil se apoia antes de mais nada na memória [...] e pode ainda não ter caráter de abstração" (VYGOTSKY, 1998b: 44, 45).

É essa capacidade de abstração que amplia as possibilidades de armazenamento de informações na memória de longa duração. Isto acontece porque codificações predominantemente semânticas implicam um

> processamento mais profundo das informações, o que aumentaria o potencial de retenção. [...] No entanto, condições de codificação semântica implicam [...] um maior número de características distintivas da informação [...] evidenciadas pelo sujeito, resultando assim em mais vias de recuperação (SANTOS & MELLO, 2004: 235).

Desse modo, a memorização se constitui num elemento decisivo não só para a formação conceitual, mas para todas as construções mentais. Assim, investigar as mudanças acontecidas no processo de formação de conceitos, relacionadas à memória, significa investigar o próprio desenvolvimento histórico desses processos mentais. "A criança pensa através de lembranças, o adolescente lembra através do pensamento" (LURIA, 2002: 26).

Segundo Santos e Mello (2004), os estudos cognitivos apontam para a possibilidade de desenvolvimento de estratégias de memória que representam uma intenção deliberada na memorização das informações utilizando-se de estratégias de repetição ou reverberação, organização e elaboração.

Como o uso dessas estratégias é intencional, pressupõe esforço cognitivo por parte do sujeito. Portanto, o desenvolvimento da capacidade de monitorar o funcionamento, conteúdo e desempenho da própria memória é chamado de metamemória. Porém, a organização deliberada e autônoma dessas estratégias é esperada apenas na adolescência.

Esses processos metacognitivos postulam "o desenvolvimento humano na direção de um constante aumento do controle do homem sobre si mesmo, da autorregulação e da transcendência do mundo da experiência imediata" (OLIVEIRA, Marta, 1999: 57).

Por isso, os professores devem mediar o ensino dessas estratégias, auxiliando as crianças no agrupamento e conexão das informações e, desse modo, ajudando-as a melhorar o desempenho em atividades de memorização. As novas informações e conceitos trabalhados devem sempre ser conectados, significativamente, aos conhecimentos prévios do aprendente. Na memória os

> conceitos são categorizados por atributos definidores – como perceptivos, funcionais ou taxonômicos – e por relações categóricas de subordinação ou superordenação [sendo, portanto,] [...] organizado de forma hierárquica na memória semântica [...] conectados em função da similaridade semântica (SANTOS & MELLO, 2004: 235).

Por fim, no processo ontogenético de desenvolvimento da memória, quer sob a forma de memorização concreta dos conceitos (na infância), quer sob a égide da abstração (a partir da adolescência), qualquer significação requer um processo de generalização.

2.1.4 Generalização

Nas pesquisas de Vygotsky (1998b), foram encontradas três fases de classificação ou de generalização no pensamento da criança: 1) sincretismo; 2) formação de complexos; 3) formação de conceitos potenciais.

Na primeira fase, há uma agregação desorganizada ou sincrética de objetos isolados, tomando como base fatores perceptuais irrelevantes, como por exemplo a proximidade espacial. A criança mistura diferentes elementos do objeto de forma desarticulada, agrupando objetos desiguais que não possuem, necessariamente, características comuns, sob o significado de uma palavra. Os nexos são vagos e as relações difusas, vinculadas a uma imagem mutável em sua mente. Nessa fase, Vygotsky encontra três subestágios no desenvolvimento do pensamento: 1) *tentativa e erro* onde o grupo é formado arbitrariamente, ao acaso, por suposição e experimentação; 2) agrupamento feito pela *posição espacial* dos objetos no campo visual da criança; 3) *recombinação* de elementos retirados de agrupamentos formados a partir de um pensamento sincrético, ou seja, de vários grupos sincréticos, objetos são tirados para a formação de um novo grupo sincrético.

A segunda fase é chamada de pensamento por complexos e nela as associações feitas pela criança partem de relações, concretamente existentes entre os objetos. Nesse momento, a criança já superou parcialmente seu egocentrismo, conseguindo afastar o sincretismo do pensamento, a partir de uma maior clareza entre as suas próprias impressões e as relações entre as coisas. Há um avanço em direção ao pensamento objetivo e coerente, além de uma busca por formar agrupamentos de objetos como famílias mutuamente relacionadas. Entretanto, as relações feitas são concretas e factuais, realizadas com base na experiência direta da criança, e não baseadas numa lógica abstrata. Nessa fase, Vygotsky relaciona cinco tipos de complexos: 1) *associativo*, que se baseia em qualquer relação perceptual, portanto, mutável feita pela criança; 2) *coleções*, na qual os objetos são agrupados com base naquilo que os diferencia, mas que os complementam, podendo inclusive ser utilizado o critério funcional; 3) complexo em *cadeia*, no qual o critério de seleção muda todo o tempo, sendo que o atributo inicial decisivo, por exemplo, a forma, pode variar ao longo do processo com a colocação de outro atributo como, por exemplo, a cor; 4) complexo *difuso* que é caracterizado pela fluidez do atributo que une os elementos do grupo, podendo esse critério ser suplementado, sem limites, em qualquer direção, por exemplo, um triângulo pode levar a um trapézio e este a um hexágono; 5) *pseudoconceito* que embora se assemelhe ao conceito, origina-se diferente deste, pois seu vínculo é ainda muito estreito com o concreto e não possui uma lógica abstrata.

A terceira fase é denominada de conceitos potenciais, porém sua descrição se assemelha muito ao pseudoconceito. Para Vygotsky (1996), essa é mais uma fase precursora dos conceitos verdadeiros e pode ser formada a partir do pensamento perceptual, com base em impressões semelhantes, ou também a partir da ação ou do pensamento prático, com base em significados funcionais semelhantes. Um exemplo de formação do conceito potencial é quando a criança consegue, a partir de uma palavra dada, dizer o que o seu objeto referente pode fazer ou o que pode ser feito com ele, embora não consiga definir verbal e abstratamente tal conceito.

Essa forma de generalização, realizada pela criança, constitui-se de modo totalmente diferente do pensamento conceitual lógico, iniciado no período da adolescência. A generalização efetuada pelo adolescente é baseada no estabelecimento de relações lógicas, na análise abstrata que se constitui no próprio ato de pensar. "Classificação categorial implica pensamento verbal e lógico complexo que explora o potencial da linguagem de formular abstrações e generalizações para selecionar atributos e subordinar objetos a uma categoria geral" (LURIA, 2002: 65).

Vygotsky considera que essa definição abstrata e lógica de um conceito é conquistada depois de seu domínio através da prática. Essa conquista representa a tomada de consciência do conceito o que, para ele, só ocorre na adolescência. Nesse momento, quando o sujeito toma consciência do conceito, ele se separa de sua atividade concreta e transforma essa atividade, inicialmente concreta, em subjetiva ou imagem mental, havendo assim uma subjetivação do objeto. Desse modo, "crianças, adolescentes e adultos podem querer dizer coisas diferentes com as mesmas palavras [...] [isso significa que] o tecido semântico vai se transformando ao longo dos anos" (VAN DER VEER & VALSINER, 2001: 293).

A consciência do conceito é mediada por instrumentos (ferramentas externas) e por signos (ferramentas internas). Para Vygotsky, o maior de todos os signos é a linguagem.

2.1.5 O pensamento e a linguagem

Quando uma criança é exposta a um sistema linguístico, ela internaliza a linguagem e passa de uma forma de pensamento prático para uma forma de pensamento simbólico, ou seja, mediado por signos que representam a realidade. Desse modo, com a aquisição da linguagem, a criança se liberta do contexto perceptual imediato e inicia um processo de representação, abstração e generalização.

Porém, "os indivíduos não recebem a língua pronta para ser usada; eles penetram na corrente da comunicação verbal; ou melhor, somente quando mergulham nessa corrente é que sua consciência desperta e começa a operar" (BAKHTIN, 2004: 108).

A aquisição da linguagem é, portanto, um marco no desenvolvimento infantil que possibilita à criança o salto do sensorial ao racional, e a capacidade de lidar com o objeto mesmo em sua ausência, através da palavra. Isso repercute no brincar infantil, que também passa a ser mediado pela linguagem, na aquisição e desenvolvimento de regras, na reorganização do pensamento, além de ampliar as condições para a representação do signo na forma escrita.

> A linguagem, que medeia a percepção humana, resulta em operações extremamente complexas: a análise e síntese da informação recebida, a ordenação perceptual do mundo e o enquadramento das impressões em sistemas. Assim as palavras – unidades linguísticas básicas – carregam, além do seu significado, também as unidades fundamentais da consciência que refletem o mundo exterior (LURIA, 2002: 24).

É neste processo de aquisição e desenvolvimento da linguagem que acontece a formação do pensamento conceitual. Os conceitos são, portanto, consequência da reorganização cognitiva que acontece a partir da aquisição da linguagem. É através da linguagem que a experiência da formação conceitual assume seu caráter sociocultural. De acordo com Bakhtin (2004: 49),

> o psiquismo subjetivo localiza-se no limite do organismo e do mundo exterior [...] na fronteira dessas duas esferas da realidade. É nessa região limítrofe que se dá o encontro entre o organismo e o mundo exterior, mas esse encontro não é físico: o organismo e o mundo encontram-se no signo. A atividade psíquica constitui a expressão semiótica do contato entre o organismo e o meio exterior. Eis por que o psiquismo interior não deve ser analisado como uma coisa; ele não pode ser compreendido e analisado senão como signo.

Nessa perspectiva, a discussão trazida por Vygotsky (2001) para o processo de formação de conceitos enfoca, essencialmente, o desenvolvimento do pensamento vinculado ao processo de aprendizagem dos signos. Para ele, o conceito ou a generalização do significado das palavras é um fenômeno que envolve pensamento e linguagem, pois, embora o significado seja inerente à palavra que o expressa, é também uma generalização ou um conceito, portanto uma ação do pensamento. É por meio da palavra que o pensamento passa a ter existência externa. "O significado de uma palavra representa um amálgama tão estreito do pensamento e da linguagem, que fica difícil dizer se se trata de um fenômeno da fala ou de um fenômeno do pensamento" (VYGOTSKY, 1996: 104).

Essa assertiva mostra o aspecto semântico da linguagem, ou seja, o plano dos significados, aquele que revela que "o pensamento não se 'expressa' em palavras, mas que se realiza nelas" (BAQUERO, 2001: 61). Nessa estrutura semântica pode-se distinguir sentido de significado. O sentido está relacionado à conotação da palavra para o sujeito que a vincula às suas experiências e é portanto mutável, tendo em vista o contexto que o situe. Porém, o significado é mais estável e relaciona-se à definição que é convencional e socialmente compartilhada. A transição do pensamento visual para o conceitual não apenas afeta o papel assumido pelas palavras no processo de codificação, mas muda também a própria natureza das palavras: o significado de que elas estão impregnadas (LURIA, 2002: 70).

Dessa forma, tendo em vista que a linguagem é um fenômeno socialmente aprendido, a formação de conceitos está relacionada ao desenvolvimento do pensamento da pessoa dentro de um contexto sócio-histórico-cultural. Para Vygotsky (1996: 46), "um conceito não é uma formação isolada fossilizada imutável, mas sim parte ativa do processo intelectual, constantemente a serviço da comunicação, do entendimento e da solução de problemas".

Isso significa que na mente humana os conceitos não são signos estanques, separados, mas estão inter-relacionados, o que possibilita operações intelectuais que necessitam da coordenação de pensamentos. Desse modo, os conceitos vão se constituindo num sistema de pensamento. "Se cada conceito indica uma generalização, então a relação entre conceitos é uma relação de generalidade" (AGUIAR, 2002: 21).

Como se trata de um fenômeno sócio-histórico-cultural, o significado das palavras não é imutável, mas evolui da mesma forma que na ontogênese, a natureza psicológica humana também muda, pois parte de generalizações mais primitivas ou concretas e eleva-se ao nível dos conceitos mais abstratos. Essa visão dos conceitos como algo dotado de historicidade possibilita o entendimento de que cada palavra, aprendida pela criança, representa uma generalização, inicialmente do tipo mais primitivo, para em seguida ser substituída por generalizações mais complexas, chegando à formação dos conceitos verdadeiros. Por exemplo, quando a criança aprende a palavra cachorro, ela começa inicialmente buscando fazer uma utilização da mesma tentando distinguir o que é cachorro do que não é cachorro. Posteriormente, ela irá aprender a classificar o cachorro como um animal vertebrado, mamífero etc. Desse modo, em cada momento do desenvolvimento da criança o significado e o sentido das palavras, que formam o conceito, têm sua própria relação particular entre o pensamento e a fala. Assim, Vygotsky (1996) considera a formação de conceitos como uma função do crescimento social e cultural da pessoa que afeta o conteúdo e o método do seu raciocínio. No pensamento conceitual, as palavras se tornam o principal agente de abstração e generalização.

Apesar dessa característica polissêmica, ou seja, de pluralidade de significações da palavra, ela tem uma unicidade, por isso pode ser compreendida por outros sujeitos. Essa dialética, polissemia/unicidade, é manifestada na pluralidade das entonações e, principalmente, no contexto da fala.

Assim, "[...] a definição de um conceito é uma operação verbal e lógica bem clara, na qual se usa uma série de ideias logicamente subordinadas para chegar a uma conclusão geral, desprezando automaticamente qualquer consideração extralógica" (LURIA, 2002: 113).

Por se tratar de um ato complexo do pensamento, Vygotsky considera que a transmissão ou o ensino direto de conceitos é infrutífero. Apesar disto, a linguagem desenvolvida a partir das interações com seu entorno, possibilitará à criança mais possibilidade de generalizações, o que é um poderoso fator no desenvolvimento do pensamento conceitual.

2.2 Influência do processo educacional na formação de conceitos

Em seus estudos, Vygotsky (1996) discorre sobre dois tipos de conceitos: os cotidianos e os científicos. Nessa classificação ele leva em conta não o conteúdo dos conceitos, mas o percurso de sua formação e os processos mentais envolvidos. Os chamados conceitos cotidianos são aqueles que partem de vivências, situações concretas, observação do mundo, dos questionamentos dirigidos aos adultos ou a pessoas mais experientes, podendo alcançar um nível de abstração, são "generalização de coisas". Por exemplo, um conceito cotidiano é considerado denotativo, pois se define a partir de propriedades perceptivas, funcionais ou contextuais de seu referente, da coisa em si.

Por sua vez, os conceitos científicos são "generalização de pensamentos" e permitem refletir sobre o que não está ao alcance dos conceitos cotidianos, a essência do objeto. Assim, a formação do conceito científico é sempre inicialmente mediada por outro conceito, o conceito cotidiano, que fornece base para a sua internalização, ou seja, para compreensão das construções culturais sistematizadas ao longo da história humana. Portanto, a formação dos conceitos científicos é oposta à dos conceitos cotidianos. Se esses partem do concreto para o abstrato, aqueles partem do abstrato ao concreto (LEÓNTIEV, 1996).

O conceito cotidiano ou espontâneo é formado a partir das propriedades perceptivas, funcionais ou contextuais daquilo a que refere. Nessa aprendizagem cotidiana, o objeto é experienciado, mas não há preocupação com sua apreensão verbal. Porém, no conceito científico, "a criança aprende a definir termos, mesmo quando o referente do termo seja apreendido apenas vagamente" (PANOFSKY; JOHN-STEINER & BLACKWELL, 1996: 246). Assim, o conceito científico é experienciado verbalmente e racionalizado, sendo a relação com o objeto mediada por outro conceito. Nesse caso, os conceitos cotidianos já existentes mediam a aprendizagem dos conceitos científicos, servindo como base para estes.

Como nos estudos de Vygotsky, neste livro, a utilização dessa nomenclatura de conceitos cotidianos e científicos não está imbuída de uma percepção valorativa de um, em detrimento do outro, ao contrário, compreende-se que os conceitos cotidianos são a base vivencial e cultural necessária para a formação de conceitos científicos. Mais uma vez, enfatiza-se que estes não são estáticos e nem se relacionam à lista de palavras ou significados, mas são categorias dinamicamente constituídas num contexto social.

Para Vygotsky, o desenvolvimento dos conceitos científicos está ligado a questões do ensino. Os conceitos cotidianos desenvolvem-se espontaneamente a partir da vivência das crianças, porém os conceitos científicos são formados no processo de ensino e abrangem aspectos essenciais de uma área de conhecimento, sendo apresentados, de forma sistemática, como ideias inter-relacionadas. Os conceitos cotidianos apontam o *desenvolvimento real* (DR) da criança, ou seja, aquilo que ela pode fazer sozinha. Já os conceitos científicos apontam para a *zona de desenvolvimento proximal* (ZDP) da criança, isto é, a diferença entre aquilo que ela pode fazer por conta própria e o que pode conseguir com ajuda de outra pessoa mais experiente. É importante lembrar que essa ajuda não deve trazer a ideia de dependência, ao contrário, a proposta vygotskyana de atuação ou mediação na *zona de desenvolvimento proximal* é de que aquilo que hoje a criança precisa de ajuda para fazer, possa fazer sozinha amanhã.

> Uma consequência dessa concepção é que a educação era vista como um dos fatores que produziam o desenvolvimento cognitivo e não como o provedor de conhecimentos acabados que podiam ser engolidos *ipsis litteris* pela criança assim que tivesse atingido um determinado nível de maturidade (VAN DE VEER & VALSINER, 2001: 300).

Assim, considerando-se essa dimensão sociocultural do aprendizado, entende-se que se o contexto no qual a criança vive não proporcionar problemas, sob forma de novas exigências e estímulo ao intelecto, o raciocínio não atingirá os estágios mais elevados ou o fará com grande atraso. Diante dessa compreensão pode-se considerar a forte relação entre as tarefas propostas pelo meio externo e a dinâmica do desenvolvimento de conceitos na pessoa. Por exemplo, uma prática embasada na transmissão de conhecimentos, na memorização sem significação e categorização, ou seja, sem reflexão, não permite que o sujeito forme os conceitos científicos. Em contrapartida, uma prática educativa que permite ao estudante elaborar problematizações e buscar soluções para as mesmas, realizar investigações, partindo de um objeto de estudo e estabelecer relações acerca do mesmo, favorece a formação de conceitos científicos e a construção de processos psicológicos superiores. O aprendizado escolar promove a "conscientização da criança dos seus próprios conceitos mentais" (VYGOTSKY, 1996: 79).

O trabalho pedagógico com os conceitos científicos envolve habilidades metacognitivas que abrangem o ensaio desses conceitos, a sua formulação e explicação verbal. É o domínio dessas habilidades que possibilita a tomada de consciência desses conceitos na adolescência.

Sforni e Moura (2003) identificam três momentos nesse percurso de formação de conceitos científicos: consciência da ação, generalização conceitual e o conceito como conteúdo do pensamento. Assim, os conceitos científicos se caracterizam por seu sistema hierárquico de inter-relações, que são transferidas posteriormente a outros conceitos e a outras áreas de pensamento, ao contrário dos conceitos espontâneos que "se caracterizam pela ausência de percepções conscientes de suas relações" (NUÑEZ & PACHECO, 1998: 93).

Para a elaboração dos conceitos científicos, os estudantes recorrem aos conhecimentos conceituais prévios, organizados, pertinentes e relevantes, com os quais possam conectar a nova informação objeto de aprendizagem.

> Frente a um conceito sistematizado desconhecido, a criança busca significá-lo através de sua aproximação com outros já conhecidos, já elaborados e internalizados. Ela busca enraizá-lo na experiência concreta. Do mesmo modo, um conceito espontâneo nebuloso, aproximado a um conceito sistematizado, coloca-se num quadro de generalização (FONTANA, apud REGO, 2001: 78).

Vê-se então que o processo de formação desses conceitos segue caminhos diferentes. Os cotidianos percorrem caminhos "de baixo para cima" – partem da experiência sensorial para a generalização; e os científicos vão "de cima para baixo" – partem das generalizações para as situações específicas. Contudo, eles estão "interligados, porque o desenvolvimento de conceitos espontâneos na criança deve atingir certo nível para que ela possa assimilar em linhas gerais os conceitos científicos" (VYGOTSKY, 2001: 528).

O conceito científico começa por sua definição verbal – através do esclarecimento dos atributos essenciais – e, com sua aplicação, alcança a variedade de objetos da realidade que representa, facilitando assim que o estudante tenha uma clara consciência do conceito. Quando a criança se depara com um conceito novo, sistematizado, ela busca significá-lo através de sua aproximação com outros já conhecidos, elaborados e internalizados.

Em termos procedimentais, os estudantes necessitam de conhecimentos que lhes permitam elaborar, conectar, situar e reter os novos conhecimentos em estruturas de significados mais amplas, daí a importância de que tenham motivos relevantes que lhes permitam encontrar sentido na aprendizagem de conceitos.

Esse processo de construção do conhecimento conceitual acontece através da interação com os outros e envolve uma intensa atividade mental do sujeito, como atenção deliberada, classificação e inclusão de classes, memória lógica e abstração. Por essa razão, a mera transmissão de um conceito por um professor não significa a aprendizagem desse conceito pelo estudante. Portanto,

> o ensino direto de conceitos é impossível e infrutífero. Um professor que tenta fazer isso geralmente não obtém qualquer resultado, exceto o verbalismo vazio, uma repetição de palavras pela criança, semelhante à de um papagaio, que simula um conhecimento dos conceitos correspondentes, mas que na realidade oculta um vácuo (VYGOTSKY, 1996: 72).

Assim, Vygotsky ressalta a importância do ensino escolar nesse processo de formação dos conceitos científicos no sentido de que aproxima a criança ao conhecimento sistematizado, acumulado pela humanidade (REGO, 2001). Para ele, o ensino altera a estrutura da atividade cognitiva e possibilita o trânsito do pensamento prático para o pensamento abstrato. Esse entendimento ressalta a importância do docente como mediador, ou seja, alguém que dá "assistência ao aluno fornecendo algum tipo de ajuda que o faça, através da orientação, avançar na solução dos problemas elaborados com a finalidade de possibilitar a elaboração conceitual" (PIMENTEL, 2002a).

2.3 Aquisição da linguagem e formação do pensamento conceitual por crianças com Síndrome de Down

Da mesma forma que em todas as crianças, o desenvolvimento da linguagem em crianças com Síndrome de Down se dá a partir da interação com outros membros do seu entorno cultural. Assim, desde muito cedo ela já se comunica com a sua mãe através das interações estabelecidas. Nessas interações, as ações das crianças são interpretadas e significadas pelo outro, possibilitando, assim, o início da construção de sentidos para o bebê.

"O comportamento da criança é recortado e interpretado pelo Outro que lhe atribui forma, significado e intenção. Essa interpretação é construída a partir da **representação**[3] que o Outro – geralmente a mãe – faz do bebê enquanto interlocutor" (FREIRE, [s.d.], apud SCHWARTZMAN, M., 2003: 207). Entendendo assim, que é através da interação com o outro que a linguagem da criança se estruturará, é possível inferir que a forma como a família e os demais membros do meio social interagem com a criança com Síndrome de Down, possibilitará diferenças no desenvolvimento da linguagem por essas crianças. Dessa forma, "as interferências físicas, cognitivas e emocionais que a síndrome determina influenciarão de forma diferente cada criança no aspecto da linguagem" (SCHWARTZMAN, M., 2003: 208).

Segundo Schwartzman, M. (2003), estudiosos do desenvolvimento da linguagem da criança com Síndrome de Down (LEVY, 1989; MILLER, 1987, 1988; FOWLER, 1990) reconhecem que as características físicas dessas crianças podem interferir na aquisição da linguagem, por exemplo, devido à hipotonia dos órgãos fonoarticulatórios, a criança com Síndrome de Down tem o aspecto articulatório da fala distorcido. De acordo com Voivodic (2004), os bebês com Síndrome de Down apresentam reações mais lentas devido ao atraso no desenvolvimento motor; são menos responsivos e o contato de olho começa mais tarde o que dificulta o conhecimento do ambiente. Diante disso, a linguagem é a área que a criança com Síndrome de Down geralmente demonstra maior atraso.

Também o atraso no desenvolvimento cognitivo dessas crianças as faz mais propensas para o aparecimento de possíveis dificuldades na aquisição da linguagem, por isso elas levam mais tempo para sistematizar palavras e desenvolver a fala (SCHWARTZMAN, M., 2003). Porém, cada palavra aprendida representa a possibilidade de ampliação do seu vocabulário e, consequentemente, mais competência no processo de formação dos conceitos espontâneos e de construção de redes semânticas. Por isso, as interações sociais e as intervenções do interlocutor da criança com Síndrome de Down, o mais precocemente possível, trarão como resultado a superação das dificuldades que já lhe são intrínsecas. "As dificuldades do aluno com SD não são [...] inerentes à sua condição, mas têm um caráter interativo: dependem das características do aluno, do

---

3. Destaque da autora.

ambiente familiar e educacional e da proposta educativa a ele oferecida" (VOIVODIC, 2004: 18).

Diante disso, o interlocutor com o qual a criança com Síndrome de Down interage também precisará ficar atento para outras formas de manifestação da linguagem utilizadas pela criança (oral, gestual, gráfica etc.), pois, a depender do momento de seu desenvolvimento, a criança poderá fazer uso de diferentes formas de comunicação para propiciar o fluxo de trocas de significados durante as interações. Os usos dessas formas alternativas de comunicação podem também contribuir para ampliar o vocabulário total dessas crianças e, paralelamente, contribuir para a aquisição de conceitos.

Segundo Mills (2003), é no período pré-escolar que se evidenciam com mais clareza as alterações de linguagem na criança com Síndrome de Down e do atraso linguístico. Porém, é também durante esse processo de alfabetização que ela tem a possibilidade de formar não apenas conceitos, mas também as "categorias conceituais para perceber a realidade e ordenar o mundo que a cerca" (p. 240). Essa evolução da linguagem possibilita o surgimento da capacidade de abstração e generalização, o que favorecerá o desenvolvimento do pensamento conceitual.

Conforme indicado na introdução deste livro, investigações sobre a formação de conceitos por pessoas com Síndrome de Down se constituem uma lacuna nessa área específica de estudo das necessidades educacionais especiais. Portanto, no decorrer desta investigação se pretende registrar como as crianças com Síndrome de Down formam os conceitos, trabalhados pela escola, no processo de mediação pedagógica.

3
A mediação como elemento de (trans)formação humana

Não devemos permitir que uma só criança fique em sua situação atual sem desenvolvê-la até onde seu funcionamento nos permite descobrir que é capaz de chegar (FEUERSTEIN, 1989, apud BEL-MONTE, 1994: 9).

A relação do homem com o mundo é mais uma relação mediada do que direta. Isto significa que, na maioria das vezes, há um elemento mediador (instrumentos, signos ou pessoas) que se interpõe entre o sujeito que conhece e o objeto que é conhecido.

No processo de formação de conceitos, a mediação pedagógica dos conceitos científicos possibilita que os conceitos cotidianos sejam levados a um nível mais alto que pressupõe abstração. Isso acontece porque, para Vygotsky, "a instrução explícita em sala de aula cria uma zona de desenvolvimento proximal para a criança [isto quer dizer que] a educação [...] prepara o caminho para o desenvolvimento cognitivo da criança" (VAN DER VEER & VALSINER, 2001: 300).

Numa relação de ensino e aprendizagem, mediar significa *fornecer níveis de ajuda,* planejados de forma intencional e que se ajustem às necessidades dos educandos. Essa prática de mediação é inerente à ação do professor que *presta assistência* ao estudante ocupando uma função de andaime (WOOD; BRUNER & ROSS, 1976, apud COLL SALVADOR, 1994), ou seja, de apoio e suporte a fim de proporcionar avanços no processo de aprendizagem do seu estudante, criando condições favoráveis para que essa aprendizagem aconteça.

É importante lembrar que essa ajuda não significa ausência de autonomia do educando em desenvolver as atividades que lhe são propostas, ao contrário, está baseada no pressuposto vygotskyano de que aquilo que o aprendente faz hoje, com ajuda, deve ser capaz de fazer sozinho amanhã.

Desse modo, entende-se que não se pode analisar de forma isolada o desenvolvimento da criança, sem relacioná-lo ao seu processo de aprendizagem. Sem dúvida, essa concepção contribui para valorizar o lugar do ensino no processo de desenvolvimento humano. Isto significa que a criança precisa se apropriar do conteúdo do ensino, internalizando-o, isto é, reconstruindo-o internamente, a fim de beneficiar-se dele em outras situações por ela vivenciadas.

Porém, falar de ensino é falar de aprendizagem em comunhão com outros sujeitos sociais (FREIRE, 1979), é falar da mediação do outro e de processos interpessoais. Portanto, neste livro, o conceito de mediação se aproxima do conceito de educação definido por Vygotsky (apud VAN DER VEER & VALSINER, 2001: 67) como "influência e interferências planejadas, direcionadas, intencionais e conscientes nos processos naturais de crescimento da criança".

Falar de mediação é retomar a discussão de que os fatores hereditários e biológicos, embora constituindo o substrato material dos processos mentais, não possuem influência maior que o ambiente no desenvolvimento humano.

Isso também implica o reforço da concepção da plasticidade humana, isto é, a possibilidade de se transformar o homem por meio de solicitações socioculturais e do ambiente físico. Embora esse pensamento vygotskyano possa ser confundido com a proposta ambientalista, não o é, pois Vygotsky compreende que o comportamento humano "só pode ser completamente explicado levando-se em conta: 1) reações inatas; 2) reflexos condicionados; 3) experiência histórica; 4) experiência social; 5) experiência duplicada" (VAN DER VEER & VALSINER, 2001: 65), isto é, a capacidade duplicada de reação do organismo humano a fatores externos e internos.

Assim, o processo de formação do pensamento conceitual é socialmente mediado, tendo em vista que os conceitos são internalizados a partir da interação com outros elementos da cultura na qual o sujeito aprendente está inserido.

3.1 A mediação na formação social da mente

A mediação é uma temática fundamental na teoria histórico-cultural de Vygotsky, tendo em vista que ele entende que a aprendizagem e o desenvolvimento são processos mediados socioculturalmente. O processo de mediação é entendido nessa teoria como uma ponte que liga as relações do homem com o mundo. "Num sentido amplo, mediação é toda a intervenção de um terceiro 'elemento' que possibilite a interação entre os 'termos' de uma relação" (SIRGADO, 2000: 38). Essa mediação pode ocorrer como um processo semiótico, através da linguagem, ou como um processo de atividades, que são analisadas por Leontiev como a ação do contexto sobre o homem e deste sobre o contexto (DANIELS, 2003). É, portanto, através do processo de mediação que o homem se humaniza, forma-se enquanto homem.

Entendendo-se que a mediação implica uma reconstrução interna de processos construídos na relação com a cultura, com os outros sujeitos do entorno social e artefatos culturais, percebe-se a importância conferida por Vygotsky (1998a) à educação. Para ele, o bom ensino antecede ao desenvolvimento, promovendo-o. Porém, a apropriação dos elementos da cultura, através da mediação, só acontece na medida em que o sujeito beneficia-se do conteúdo da mediação, apropriando-se dele e sendo capaz de realizar sozinho aquilo que anteriormente só realizava em parceria com outrem.

Watkins e Mortimore (1999, apud DANIELS, 2003: 14), definem mediação como "qualquer atividade consciente de uma pessoa designada a promover a aprendizagem em outra". Há de modo explícito, nesta definição, a concepção de que a mente humana é formada socialmente, é co-construída a partir de relações sociais mediadas por sujeitos mais experientes da cultura. Desse modo, a mediação é entendida como essencial ao desenvolvimento de processos psicológicos superiores, que são exclusivamente humanos como, por exemplo, a capacidade humana de planejar e controlar sua ação.

Filogeneticamente falando, a cultura da caça foi a que requereu do homem a construção de habilidades socioculturais para organizar eficazmente um sistema de comunicação que o permitiu criar instrumentos para a caça e identificar as pistas deixadas pelos animais, superando os limites de uma inteligência prática, isto é, sem representação, e adentrando no mundo das representações e signos. Assim, extrapolando essa experiência filogenética e fazendo uma análise sociogenética, "o desenvolvimento psíquico é o resultado da ação da sociedade sobre os indivíduos para integrá-los na complexa rede de relações sociais e culturais que constituem uma formação social" (SIRGADO, 2000: 41).

Para Vygotsky, a natureza dotou o homem com funções psicológicas elementares reguladas biologicamente e compartilhadas com outras espécies superiores. São exemplos desses processos elementares: a capacidade natural de memorização, a atividade sensoperceptiva, a motivação, dentre outros. Porém, na relação com outros sujeitos socioculturais o homem desenvolve processos psicológicos superiores a partir da internalização de práticas socialmente organizadas. São exemplos destes processos psicológicos superiores a linguagem e o controle voluntário e consciente de sua própria ação (BAQUERO, 2001).

A partir deste pressuposto vygotskyano infere-se a importância da mediação para que haja a superação de limites impostos ao homem pela natureza, como, por exemplo, com relação à capacidade mnemônica, conforme visto no capítulo anterior, de modo a ampliar suas possibilidades de memorizar através de uma forma de organização nova, culturalmente elaborada.

Essa superação de limites naturais pelo homem é ampliada a partir da aquisição da linguagem. "Partindo do pressuposto de que a principal função da linguagem é a de intercâmbio social, Vygotsky enfatiza o papel da mediação, da interação com o outro, na realização da *internaliza-ção*[1] da atividade" (PIMENTEL, 2002b: 26), na compreensão e apropriação de conceitos. É a partir dessa interação social que a palavra funciona como estruturadora dos processos psíquicos.

Esse processo de internalização da palavra caracteriza-se por uma série de transformações que possibilitam a reconstrução interna (intrapessoal) de atividades externamente constituídas (interpessoal) com base no uso de signos, isto é, na utilização da linguagem. De acordo com Baquero (2001), a internalização é o processo criador de consciência, pois implica uma reorganização interior de processos interpsicológicos. "Os signos só emergem [...] do processo de interação entre uma consciência individual e uma outra [...]. A consciência só se torna consciência [...] no processo de interação social" (BAKHTIN, 2004: 34).

---

1. Grifo da autora.

Vygotsky classifica os artefatos mediadores em: ferramentas, signos e outros seres humanos. As ferramentas e os signos são instrumentos que mediam a relação do homem em seu contexto. As ferramentas atuam externamente e regulam as ações do homem sobre os objetos, enquanto os signos agem internamente regulando as ações do psiquismo humano. O uso de elementos externos, como gravuras, para ampliação da capacidade mnemônica, é um exemplo da utilização de ferramentas. Já a linguagem constitui-se um exemplo do uso de signos que permite a independência do campo sensorial. A mediação por relações interpessoais é responsável pela ampliação do uso de ferramentas e signos e, consequentemente, pelo processo de aprendizagem e desenvolvimento. Portanto, a linguagem se constitui num elemento mediador por excelência, sendo que "a mediação cultural/social/linguística do significado serve para criar um conjunto de possibilidades individuais de compreensão" (DANIELS, 2003).

Com base nessa concepção de que as funções superiores do pensamento são constituídas na interação social, Vygotsky propõe que a escola que atende a pessoas com necessidades educacionais especiais concentre seus esforços no desenvolvimento de tais funções, tendo em vista que as funções elementares são "menos educáveis" porque dependem mais diretamente de fatores orgânicos. Por isso, Vygotsky é contra o predomínio absoluto do visual e concreto nas escolas que trabalham com crianças com deficiência mental, pois para ele

> a criança com atraso mental necessita, mais do que a "normal", de que a escola desenvolva os processos do pensamento abstrato [...] proporciona[ndo] [...] uma concepção científica do mundo, de descoberta de relações entre os fenômenos fundamentais da vida, as relações de ordem não concreta e de formar [...] durante a aprendizagem escolar, a atitude consciente diante da vida futura[2] (VYGOTSKY, 1995: 119).

3.2 A mediação como criação de zona de desenvolvimento proximal

É dentro desse contexto de mediação no processo de aprendizagem e desenvolvimento que Vygotsky (1998a) elabora sua contribuição mais

---

2. Tradução nossa.

significativa para a educação: o conceito de zona de desenvolvimento proximal (ZDP). Apesar de ser um conceito relevante para a educação, a ZDP não é exclusividade dos processos de interação social promovidos em instituições escolares, mas resulta de diferentes práticas educativas escolares ou não escolares.

Nesse conceito, Vygotsky envolve dois aspectos do desenvolvimento: o já alcançado pelo sujeito, que ele denomina de desenvolvimento real (DR), e o que pode ser alcançado com assistência de outros sujeitos mais capazes, o desenvolvimento potencial (DP). Desse modo, esse conceito vygotskyano une o desenvolvimento psicológico da criança ao processo pedagógico de ensino.

A diferença entre o que o sujeito faz de modo independente e o que ele pode fazer de modo assistido é o que Vygotsky denomina de zona de desenvolvimento proximal (ZDP). Portanto, infere-se que tal zona não é algo "diagnosticável" no sentido de ser dado como pronto e acabado, mas é um espaço social a ser criado através da mediação do outro de modo que promova a apropriação dos elementos dessa mediação.

Portanto, ensinar seria um processo de criação de ZDPs, favorecendo os processos internos de desenvolvimento. Essa compreensão torna-se necessária para o planejamento do ensino e gestão da sala de aula. A criação de ZDPs se dá através do desenvolvimento de atividades intencionais que tragam para a criança diferentes exigências e desafios.

Assim, entende-se que, no processo de ensino, a ZDP é um espaço que precisa ser socialmente construído. Quando essa construção social se dá de modo planejado e intencional é chamado de mediação; quando ocorre a partir da interação com os pares, pode ser denominado cooperação ou colaboração.

Para um professor planejar essas atividades intencionalmente mediadoras, ele precisa, em primeiro lugar, conhecer o que o aprendente já é capaz de fazer sozinho. Também precisa ter um amplo conhecimento dos conceitos a serem trabalhados para que possa interagir com o educando, de diferentes maneiras, até que este se aproprie do conceito trabalhado. Por exemplo, se o aprendente já possui um determinado conceito cotidiano, o professor deve partir desse conceito, utilizando-se de situações concretas para daí abstrair e estabelecer a rede de conexões entre os conceitos.

Quer seja criada por mediação ou cooperação, a ZDP engendra no sujeito aprendente uma série de processos que favorecem a internalização de conhecimentos, aprendizagem e, consequentemente, seu desenvolvimento. Porém, esses mecanismos de mediação e cooperação devem acontecer de modos diferentes a fim de possibilitar a captação, a apropriação da ideia que se quer ensinar.

Esses modos diferentes de fornecer suporte para a aprendizagem são necessários porque nem toda situação de interação social gera desenvolvimento. Para que isto aconteça é necessário que processos internos sejam desafiados para que conquistas sejam feitas no desenvolvimento do sujeito. Assim,

> operar sobre a zona de desenvolvimento proximal possibilita trabalhar sobre as funções "em desenvolvimento", ainda não plenamente consolidadas, mas sem necessidade de esperar sua configuração final para começar uma aprendizagem, já que uma possibilidade intrínseca ao desenvolvimento ontogenético parece ser precisamente a de desenvolver capacidades autônomas em função de participar na resolução de tarefas, em atividades conjuntas e cooperativas, com sujeitos de maior domínio sobre os problemas em jogo (BAQUERO, 2001: 100).

Por isso mesmo, a ação na ZDP favorece o desenvolvimento de processos metacognitivos que promovem a regulação e o controle de suas próprias funções psíquicas. Desse modo, a criação de ZDPs favorece o prognóstico do desenvolvimento da criança e, por consequência, o seu sucesso na aprendizagem.

É com base neste relevante conceito de ZDP que Vygotsky contribui para a chamada educação especial e defende a inclusão de estudantes com necessidades educacionais especiais em classes regulares, baseando-se na ideia de que classes heterogêneas fazem parte das condições favorecedoras do desenvolvimento cognitivo. No caso da pessoa com deficiência mental, essa heterogeneidade nos níveis intelectuais promove a aprendizagem e o desenvolvimento, quando há atividades coletivas baseadas na aprendizagem cooperativa.

3.3 A dialogia na mediação pedagógica

O desenvolvimento da mediação pedagógica deve ser pautado numa *prática pedagógica dialógica*. Essa discussão acerca da dialogia está baseada nos estudos de M. Bakhtin (1895-1975), teórico russo, que amplia os estudos vygotskyanos sobre o funcionamento social da mente humana e que propõe a teoria da enunciação entendendo-a como tendo uma natureza social, devido à construção histórico-social do homem, sendo, portanto, fundante dos processos intermentais e intramentais. A enunciação pode assumir duas orientações: ou dirigindo-se ao sujeito, ou partindo deste em relação ao outro social. Quando se dirige ao sujeito, a enunciação tem por objetivo traduzir os signos externos em signos internos, o que exige do interlocutor que ele os relacione a um contexto interior de modo a compreendê-los. Quando se dirige ao outro social, a intenção é de se fazer compreendido por este outro.

Essa compreensão é sempre um processo ativo que traz consigo a semente da interlocução. A compreensão é, pois, uma forma de diálogo. Portanto, para Bakhtin (2004), a atividade mental do sujeito é constituída a partir de um território social, sendo formada e organizada na interação verbal.

"Esses fundamentos sociais da cognição indicam ao educador que as capacidades individuais não são inerentes à natureza humana, mas determinadas por variáveis do mundo material externo ao indivíduo" (FREITAS, 1994: 88). O vocábulo indivíduo, neste contexto, é entendido não como ser natural, isolado, mas como associado ao mundo social, que muda o contexto em que se insere e é modificado por este.

Essa mudança no olhar, em relação ao indivíduo que aprende, exige também uma mudança na prática pedagógica que deixa de ser monológica, baseada na transmissão de conhecimentos, para ser dialógica, entendendo que a produção do conhecimento tem como referência o outro e as relações polifônicas estabelecidas através da linguagem. Assim, "o conhecimento [...] é construído na *interação*, em que a *ação* do *sujeito sobre o objeto* é *mediada* pelo *outro* através da *linguagem*"[3] (FREITAS, 1996: 161).

Essa ideia bakhtiniana de interlocução reforça o papel da interação do professor na construção de um conhecimento partilhado, sendo o trabalho pedagógico uma elaboração conjunta onde professor e estudantes têm garantido que os seus discursos serão ouvidos e recriados a partir da internalização de outras vozes, num grande encontro de vozes. Dessa

---

3. Grifos da autora.

forma, a experiência individual é ampliada como decorrência da apropriação da exposição social pela mediação da linguagem.

Entende-se, assim, que a internalização dos conhecimentos se dá através de um processo dialógico, sendo imprescindível o papel de outra pessoa, professor ou colega mais experiente, que socializa o conteúdo ou sua elaboração sobre o mesmo, possibilitando ao aprendente a reconstrução interna do conteúdo, dando a esse um sentido próprio a partir de seus conhecimentos e vivências prévias.

Essa ideia de dialogia na mediação pedagógica é uma aplicação educacional da teoria de Bakhtin que – enquanto semiólogo, escritor e filósofo soviético – não pretendeu produzir uma teoria pedagógica. No entanto, ao discutir a ideia de "dialogia fundante" como sendo um processo no qual "as vozes entram em contato no tipo de interação face a face alternada" (WERTSCH & SMOLKA, 1995: 127), ele deixa subjacente que as enunciações requerem compreensão entre os falantes e elaboração de uma contrapalavra.

Para que essa compreensão se estabeleça, Bakhtin (2004) sugere que na interação verbal a palavra seja orientada em função do interlocutor, funcionando como uma ponte, como um território comum do locutor e do interlocutor. Por isso, o locutor deve considerar o ponto de vista do receptor, ajudando-o a compreender a significação da enunciação. E justamente é essa compreensão a base da interação verbal.

Assim, no campo pedagógico o professor mediador precisa manter-se consciente de que sua enunciação é socialmente dirigida, portanto, precisa estar em função do seu auditório social e mais especificamente, dos interlocutores reais presentes naquele contexto. "Quando a atividade mental se realiza sob a forma de uma enunciação, a orientação social à qual ela se submete adquire maior complexidade graças à exigência de adaptação ao contexto social imediato do ato de fala e, acima de tudo, aos interlocutores concretos" (BAKHTIN, 2004: 117).

A consciência quanto à existência desses interlocutores reais deve também possibilitar ao professor a clareza de que haverá distintos "graus na consciência, na clareza e na diferenciação dessa orientação social da experiência mental [pois] [...] quanto mais forte, mais bem organizada e diferenciada for a coletividade no interior da qual o indivíduo se orienta, mais distinto e complexo será o seu mundo interior" (BAKHTIN, 2004: 114, 115). Dessa forma, diferentes sujeitos farão diferentes apropriações das enunciações; portanto, a mediação torna-se fundamental na apreensão de conceitos e conhecimentos socializados pela escola, tendo em vista que o desenvolvimento mental se dá através da comunicação, da palavra, da linguagem, podendo as interações estabelecidas contribuir para superar as dificuldades inerentes à pessoa com necessidade educativa especial.

É importante lembrar que o signo, a palavra, é um material simbólico, portanto, reflete outra possibilidade de realidade, que não a realidade material. Esse signo é criado entre indivíduos no meio social, por isso deve ser socialmente compartilhado; isto significa que ele precisa ser consensual no decorrer do processo de interação (BAKHTIN, 2004).

Essa elaboração bakhtiniana acerca da dialogia acaba por esclarecer o processo de mediação na interação professor-aprendente e colaboração entre pares de educandos no percurso de construção do conhecimento. É nesse encontro com o outro e com as vozes que constituem esse outro que o conhecimento vai sendo construído. Assim, o homem constitui-se e desenvolve-se como sujeito, através de suas relações sociais por intermédio da linguagem.

Para Bakhtin (2004), essas formas de interação verbal estão vinculadas ao contexto social em que se produzem. Portanto, essa "concepção de linguagem de Bakhtin, centrada no fenômeno social da interação, do diálogo, tem muito a ver com uma escola que se pretende democrática, onde os alunos sejam introduzidos no exercício de uma cidadania, constituindo-se em sujeitos de um saber" (FREITAS, 1994: 93).

Discutindo o âmbito do ensino da língua estrangeira, Bakhtin (2004: 94) afirma que "a assimilação [...] de uma língua dá-se quando o sinal é completamente absorvido pelo signo e o reconhecimento pela compreensão". Ele sugere, então, que novas palavras só sejam introduzidas nos contextos em que elas façam parte. Essa mesma discussão pode ser trazida para o âmbito do trabalho com conceitos na escola que deve pautar-se na contextualização dos mesmos de modo a promover a sua compreensão, relacionando-os numa rede de significados. Para Bakhtin, toda enunciação, mesmo na forma escrita, é produzida para ser compreendida.

A palavra compartilhada no âmbito do ensino dialógico sempre é carregada de um conteúdo abstrato, mas também vivencial. Isso faz com que o aprendente "reaja" e compreenda seus significados.

No âmbito da discussão de um sistema educacional inclusivo, a perspectiva dialógica tem a sua importância potencializada, pois é com base no encontro de vozes que o professor pode escutar e perceber como está sendo o processo de reconstrução interna do conhecimento socializado, podendo envidar esforços para mediar eficazmente o processo de aprendizagem e desenvolvimento dos estudantes com necessidades educacionais especiais. O processo de "dialogia fundante" entre pares de estudantes também possibilitará a aprendizagem e, consequentemente, o desenvolvimento do estudante, pois, aquilo que hoje o aprendente faz com ajuda, poderá fazer sozinho amanhã.

3.4 A mediação numa proposta de educação inclusiva

Com a proposta inclusiva de *educação para todos*, coloca-se diante dos educadores o desafio de construir uma escola que, de fato, atenda a **todos** independente de sua condição. Porém, construir uma escola para todos diz respeito não apenas à garantia de acesso, porque, além do acesso, é imperativo garantir, juntamente, a permanência que deve ser estruturada sobre a base de uma educação com qualidade, voltada para o atendimento às necessidades do educando. Isso passa prioritariamente pela mediação entre professor/estudante e cooperação entre educandos, como estratégias eficazes para favorecer o alcance dos objetivos da educação.

A proposta de mediação como forma de atenção à diversidade está baseada no pressuposto de que o homem possui uma mente plástica, flexível e aberta a mudanças, podendo assim ser garantido seu potencial para aprendizagem através da mediação.

Para Feuerstein, "o desenvolvimento cognitivo e a manifestação da aprendizagem são efeitos de um tipo muito específico de interação humana por excelência" (GOMES, 2002). Por meio das interações que acontecem no ambiente sociocultural, o homem é capaz de superar limites na estrutura cognitiva e alterar o curso esperado em seu desenvolvimento.

Porém, se é verdadeiro que a mediação intencional promove possibilidades no desenvolvimento humano, a falta dela produz e agudiza limites no processo do aprender, pois "impede o desenvolvimento cognitivo e afetivo adequado e reduz o nível de modificabilidade e de flexibilidade mental" (GOMES, 2002).

A mediação da aprendizagem, numa proposta de escola inclusiva, implica o reconhecimento da diversidade das características dos estudantes, de suas potencialidades e uma resposta adequada às suas necessidades a partir da interação professor-aprendente e entre aprendentes. É, pois, uma reação contrária à "cristalização do ato pedagógico igualmente produzido para todos na sala de aula" (BRASIL, 1999: 16) e à concepção de que a escola [...] desenvolve um fazer adequado ao qual o educando deve se adaptar. Para que isso aconteça, Vygotsky afirma ser necessário

o estudo individual de todas as particularidades específicas de cada educando [...], [o] ajuste individual de todos os procedimentos de educação [...], [a] interferência do meio social em cada uma delas [...] e a definição consciente e precisa dos objetivos individuais da educação para cada aluno (VYGOTSKY, 2001: 431).

Portanto, a ajuda fornecida no processo de mediação deve estar ajustada ou sincronizada ao percurso seguido pelo estudante no processo de construção do conhecimento, ou seja, às necessidades e características dos estudantes. Esse ajuste permite determinar o valor, a repercussão educacional dessas interações pedagógicas.

Uma das maneiras de ajustar a ajuda é fornecê-la de modo contingente aos progressos e dificuldades dos estudantes na resolução da tarefa que lhes foi proposta. Isto significa que alguns elementos precisam ser observados para a garantia desse ajuste da ajuda: o tempo, a frequência e o grau de desafio da ajuda.

O **tempo** necessário para que a ajuda fornecida seja apropriada pelo aprendente precisa ser diferenciado de sujeito para sujeito. O mediador precisa estar consciente de que o tempo de aprender não é, necessariamente, o tempo *chronos*, conforme discutido no capítulo 1, mas poderá ser o tempo *kairós*.

A **frequência** da ajuda diz respeito aos diversos níveis de ajuda que serão necessários até que o estudante se aproprie do conteúdo da mesma. Os níveis de ajuda ativarão o sistema cognitivo e provocarão sua modificação. Entende-se por níveis de ajuda as diferentes formas e suportes utilizados na mediação, como, por exemplo: as pistas, a demonstração, a leitura do texto para o aprendente, dentre outras.

[...] A intervenção tutorial do adulto deve ser inversamente proporcional ao nível de competência na realização das tarefas pelas crianças – assim, por exemplo, quanto mais difícil for para a criança a obtenção de um objetivo, mais diretiva deverá ser a intervenção [...] (WOOD, 1980, apud COLL, 1994: 140).

Por fim, o **grau de desafio** da ajuda relaciona-se à criação de ZDPs no aprendente. Assim, deve-se manter uma distância adequada com relação ao que ele já sabe, pois quando essa distância é muito elevada ou está aquém em relação ao seu desenvolvimento real, o efeito que se produz é a desmotivação.

Porém, no espaço escolar, não cabe apenas ao professor o papel de exercer a mediação para a construção de significados, mas os sujeitos aprendentes também poderão cooperar entre si no processo de construção de novos conceitos, sendo para isso necessário que o professor favoreça interações em sua sala de aula permitindo entre os pares a expressão de suas falas, dúvidas e sugestões (SIMAN & COELHO, 2003).

"Vygotsky, ao introduzir o conceito de zona de desenvolvimento proximal, declarou que 'parceiros mais competentes', tanto quanto os adultos, podem ajudar o desenvolvimento das crianças" (TUDGE, 1996: 152). No entanto, o mero reconhecimento da importância da cooperação entre pares no processo de aprendizagem e a permissão de que um aprendente sente-se ao lado do outro não são suficientes para produzir resultados favoráveis no processo de aprendizagem. É necessário que esses sujeitos formem um grupo e que interajam utilizando um sistema de signos. Para que tais resultados aconteçam é relevante a observação de critérios[4] na formação dos grupos de estudantes de modo a favorecer a cooperação entre os pares.

Primeiramente, o professor precisa atentar-se para que os grupos formados sejam de fato operativos. Neste livro, o conceito de grupos operativos é assumido como aqueles grupos que funcionam de forma cooperativa com vistas a promover o pensamento conceitual, tanto do sujeito mediado quanto do que coopera. Os critérios que podem ser considerados para a organização de tais grupos precisam levar em conta: o número de participantes por grupo; a proximidade da "competência", ou seja, do desenvolvimento real entre os parceiros; a habilidade de cooperação entre seus membros.

Assim, sugere-se que esses grupos devam ser constituídos por, no máximo, três sujeitos, a fim de favorecer a participação de todos. Um grupo grande demais pode propiciar ausência de participação de alguns componentes, em relação às decisões a serem tomadas. Daí a importância de se formar grupos menores que contem com a participação de todos os seus integrantes.

---

4. Os critérios descritos foram elaborados por nós, em 2000, como resultado de nossa pesquisa de mestrado acerca da compreensão leitora, desenvolvida em classe de primeira série do Ensino Fundamental.

Na constituição desses grupos também deve ser considerada a proximidade entre o desenvolvimento real dos parceiros de forma a possibilitar que um coopere com a aprendizagem dos demais. O distanciamento do desenvolvimento real entre os parceiros pode produzir sentimentos de autossuficiência ou de incapacidade, o que promoverá a ausência de participação de alguns dos integrantes do grupo. Por outro lado, se todos apresentarem o mesmo nível de desenvolvimento real, não haverá no grupo aquele que possa cooperar com a aprendizagem dos demais.

Para garantir operacionalmente o processo cooperativo intragrupal o professor precisa estar atento para as interações estabelecidas pelos pares de aprendentes e, a partir de então, estar disposto a reorientar ou até reorganizar o grupo e o parceiro colocado para cooperar no processo de aprendizagem colaborativa[5]. Portanto, a formação desses grupos operativos é também parte da ação mediadora do professor.

As atividades elaboradas também mediam o processo de aprendizagem, por isso precisam ser desafiadoras, porém adequadas às possibilidades dos grupos. O professor precisa também garantir o processo de mediação nesses subgrupos observando, para que o parceiro colaborador não resolva sozinho as situações; supervisionando os níveis de ajuda fornecidos e avaliando constantemente o desempenho dos grupos tomando como critério a cooperação estabelecida para a aprendizagem intragrupal.

Diante disso é importante que o professor compreenda seu papel enquanto mediador e o desempenhe de forma a favorecer o crescimento dos aprendentes, até que o conteúdo da sua ajuda, ou dos colegas, beneficie o sujeito que a recebe fazendo-o avançar. Dessa forma, ele estará contribuindo para superar a exclusão, ainda tão presente na realidade escolar brasileira. "O educador é peça-chave. [...] Nós educadores estamos mais em jogo do que as crianças e jovens. Se não formos capazes de ensinar, será impossível aprender" (FEUERSTEIN, 1994, apud GOMES, 2002).

3.5 A mediação no processo de formação de conceitos

Conforme discutido no capítulo 2, conceitos não são formados através de um verbalismo ou por um processo de transmissão. Assim, é possível entender que a formação conceitual pressupõe a ação mental do

---

5. Neste texto assume-se o conceito de aprendizagem colaborativa como sinônimo de aprendizagem cooperativa.

educando, não se tratando de algo que pode acontecer de modo passivo frente ao mundo, apenas por recepção.

Embora entendendo a impossibilidade da transmissão de conceitos do professor para o educando, Vygotsky aponta o aprendizado como uma das principais fontes de conceitos da criança em idade escolar. Porém, este aprendizado deve se dar em função do desenvolvimento do pensamento da criança, de forma que os professores atuem, de fato, na zona de desenvolvimento proximal, na busca de maximizar a eficiência do ensino.

Vygotsky entende que o processo de internalização dos conceitos científicos a partir das interações/mediações com outros sujeitos da cultura é, em si mesmo, uma recriação interna (intrapessoal) daquilo que foi aprendido de modo social (interpessoal). Assim, não é de modo algum uma mera reprodução conceitual.

Dentre as formas de mediação do professor para a formação de conceitos está a necessidade de selecionar criteriosamente o material a ser trabalhado com os aprendentes, por exemplo, há textos que se caracterizam por um rebuscamento terminológico, enquanto outros não trazem os conceitos de modo explícito, o que dificulta a compreensão e, consequentemente, a internalização de conceitos científicos pelos estudantes (PINTO, 2003).

Além da escolha do material a ser trabalhado, o planejamento da atividade a ser desenvolvida é importante para a apropriação dos conceitos pelos estudantes, pois a qualidade dos conhecimentos é determinada pelo tipo de atividade que se utiliza para sua assimilação (NUÑEZ & PACHECO, 1998).

Portanto, as tarefas escolares são também parte significativa da mediação pedagógica no sentido de favorecer a apropriação e a construção conceitual pelo aprendente no processo de ensino e aprendizagem. Para que favoreçam uma atividade consciente no processo de internalização de conceitos, tais tarefas precisam apresentar pelo menos duas características essenciais: 1) promover desafios cognitivos através da proposição de situações-problema que mobilizam recursos cognitivos do educando (PIMENTEL, 2002a); 2) favorecer a atividade metacognitiva do sujeito que aprende, isto é, o controle da execução ou dos processos cognitivos implicados na solução da tarefa (LABARRERE, 1996).

O desafio na tarefa escolar é uma característica necessária para promover a superação do conhecimento atual do educando, devendo ser também possível de se realizar com ajuda de outra pessoa mais experiente. A ideia de desafio envolve também a possibilidade de ampliação e enriquecimento dos conceitos, pois a tarefa precisa promover o enfrentamento de novas situações e permitir a generalização dos conceitos aprendidos (BOGOYAVLENSKY & MENCHISKAYA, 1991).

Pimentel (2002a) sugere a proposição de situações-problema como uma etapa[6] da mediação pedagógica no processo de formação de conceitos. Essas situações-problema atuarão como desafiadoras e mobilizadoras dos recursos cognitivos do educando, ampliando, assim, a probabilidade do aprendizado.

Porém, em todo o processo de planejamento das tarefas escolares, o professor precisa ter claro que cada tarefa proposta deve possuir um grau de complexidade adequada à ZDP dos sujeitos aprendentes, isto é, manter uma distância adequada com relação àquilo que eles já sabem fazer sozinhos, seu desenvolvimento real, e aquilo que podem fazer com a mediação de outro sujeito. Pois, tanto em situação de distância muito elevada quanto de distância mínima em relação àquilo que o aprendente já sabe produz-se desmotivação no mesmo. No primeiro caso, promove a "realização de uma aprendizagem puramente mecânica e repetitiva do conteúdo proposto". No segundo caso, também se produz desmotivação, pois o "aluno não sente a necessidade de revisar esquemas prévios de conhecimentos que se adaptam quase perfeitamente ao novo material de aprendizagem" (FERNÁNDEZ, 1992, apud LUCHETTI & BERLANDA, 1998: 36).

Diante do exposto, infere-se que se o contexto escolar não desafiar, exigir e estimular o intelecto do indivíduo, o processo de formação de conceitos poderá se atrasar, ou mesmo não se completar. No caso da criança com Síndrome de Down, essa mediação torna-se ainda mais relevante devido ao atraso cognitivo inerente à caracterização da síndrome. "Isso quer dizer que o pensamento conceitual é uma conquista que depende não somente de um esforço individual, mas principalmente do contexto em que o indivíduo está inserido, que define, aliás, seu ponto de chegada" (REGO, 2001: 79). Daí a necessidade de a escola se tornar um ambiente que estimula e desafia o aprendizado e desenvolvimento dos sujeitos aprendentes nela inseridos.

---

6. Pimentel (2002a) propõe um algoritmo com sete etapas como situações didáticas favoráveis no trabalho pedagógico com conceitos.

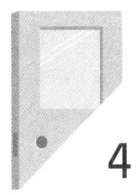

4
A construção da base alfabética na língua escrita por criança com Síndrome de Down: uma análise microgenética

> *[...] O desenvolvimento dialético das formas complexas e essencialmente sociais de comportamento acaba[m] por conduzir [...] ao domínio do que é talvez o mais inestimável instrumento da cultura [a escrita]* (LURIA, 1988: 189).

Neste capítulo as categorias mediação pedagógica e cooperação dos colegas serão analisadas microgeneticamente, buscando pistas que indiquem a apropriação do conceito de base alfabética na construção da linguagem escrita por uma criança com Síndrome de Down na Escola Balão Mágico.

Entretanto faz-se necessário caracterizar o espaço escolar investigado e os sujeitos participantes da pesquisa de modo a tornar mais claro o contexto no qual foi desenvolvido o processo de alfabetização.

A turma da Escola Balão Mágico cursava a 1ª série do Ensino Fundamental e era composta por vinte e sete estudantes matriculados na faixa etária de sete a doze anos de idade. No início da pesquisa no mês de julho, o perfil do grupo era de estudantes que estavam em processo de aquisição da língua escrita, tendo dois estudantes que já conseguiam decodificar o texto escrito.

A professora da classe cursava o sexto semestre de licenciatura em Pedagogia, possuía dois anos de experiência no magistério e estava trabalhando há um ano sob forma de contrato de estágio feito pela Prefeitura Municipal. A grande dificuldade apresentada pelo grupo era o problema da indisciplina. A professora não conseguia desenvolver nenhuma atividade coletiva, pois os estudantes se levantavam de seus lugares, gritavam um com o outro, xingavam, batiam-se, chutavam-se e desafiavam a professora com atitudes e questionamentos em relação a sua autoridade.

Dentre os estudantes dessa classe, uma de oito anos de idade tinha Síndrome de Down, o seu nome era Bianca. No início da pesquisa, em julho de 2006, Bianca estava pré-silábica[1], utilizando as letras do seu nome para escrever qualquer palavra e sempre apresentando um grande número de letras. De acordo com informações da professora, Bianca era uma criança assídua e fazia acompanhamento psicopedagógico no Centro de Apoio Pedagógico (CAP).

Nas duas primeiras unidades, as suas médias em Língua Portuguesa foram 5,0 e 4,5, e os conteúdos trabalhados envolveram: vogais, consoantes, sílabas simples, dígrafo (lh) e número de sílabas. Nos registros feitos pela professora, no diário de classe, sobre a avaliação de Bianca, no primeiro semestre do ano letivo[2] constava:

> I Unidade: "Escrita pré-silábica. Apresenta limitações. No entanto, consegue acompanhar, demonstra um desenvolvimento positivo na aprendizagem".

> II Unidade: "Apresenta um avanço significativo, já consegue fazer atribuição sonora" (Anotações da professora no Diário de Classe da Escola Balão Mágico).

Observa-se, nos comentários avaliativos, a preocupação da docente em registrar as possibilidades de avanço de Bianca; no entanto, as suas notas não refletem esse avanço, pois o instrumento de avaliação – prova – era o mesmo para todos os estudantes, independente de suas necessidades e possibilidades individuais. Na maioria dos casos, as provas requisitavam domínio de leitura e escrita, o que não era o caso da criança com Síndrome de Down em estudo. Além disso, o momento avaliativo era feito individualmente, na medida em que a disciplina na classe permitia,

---

1. De acordo com Ferreiro e Teberosky (1991: 191), no nível pré-silábico a criança usa "letras conhecidas para antecipar uma nova escrita", porém a hipótese predominante é que coisas diferentes são escritas de forma diferente, sem que haja relação som/grafia.

2. Não há registro da IV Unidade, pois até o final da pesquisa, no período da recuperação escolar, a professora não tinha fechado as avaliações no diário de classe.

sem intervenções, mediações ou cooperações, enfim, sem criação de ZDP. Isso indica a ausência de adaptação curricular, no que diz respeito aos objetivos, metodologia e avaliação, e de uma mediação que ajustasse a ajuda ao desenvolvimento da criança.

Quanto ao processo de alfabetização de Bianca, nessa pesquisa foi possível observar que o mesmo não se diferenciava dos demais estudantes quanto às hipóteses de escrita. Porém, para que o seu avanço fosse uma realidade, seria necessária uma mediação mais próxima que poderia ser feita pela própria professora ou, em cooperação, pelos colegas. No entanto, a professora não conseguia acompanhá-la de perto, pois trazia consigo um sentimento de impotência quanto ao acompanhamento dos demais.

> [...] Eu acho, assim, que essa inclusão é necessária, é fundamental. O que eu sinto, assim, é que falta [...] um pouco mais, assim, de apoio. Porque assim, o professor sozinho é complicado lidar com toda a sala de aula independente de ter alguém como portador de necessidades especiais ou não. [...] Você acaba pensando que você não está dando a atenção devida. E eu me sinto às vezes culpada de não estar dando a atenção devida. Às vezes eu fico na dúvida, será que eu tenho dado uma atenção devida pra ela [Bianca]? E os outros? Entendeu? (Trecho da entrevista com a professora da Escola Balão Mágico).

Nesse caso, a interação com os pares que já avançaram mais em suas hipóteses facilitaria enormemente o trabalho da docente, tendo em vista que essa passaria a acompanhar grupos de estudantes com proximidades de potencialidades e necessidades, e não cada estudante individualmente. Porém, a indisciplina na classe não favorecia o trabalho em grupos, demonstrando ausência de preparo da turma para um trabalho de aprendizagem cooperativa.

Especificamente, quanto à inclusão de Bianca na sala, a professora acredita que a mesma está incluída e justifica afirmando

> não haver esta diferenciação [...]. Eles não excluem ela de nada. [...] Todos estão sempre prontos a tá ajudando, a tá próximo dela. Não tem problema a sentar próximo, a fazer alguma coisa para ajudar (Trecho da entrevista com a professora da Escola Balão Mágico).

Entretanto, no momento inicial da observação, a turma não demonstrava entender a questão da inclusão, e não ter sido preparada para tal. Isso foi demonstrado num episódio em que os estudantes estavam fazendo a dobradura e pintura de uma casa. Bianca fez a dobradura com ajuda da professora entregando-a em seguida para a pesquisadora. Foi sugerido que ela escrevesse seu nome. Ela o fez de forma pré-silábica, ainda que utilizando as letras de referência do seu próprio nome. A partir daí, o seguinte diálogo se efetivou envolvendo alguns colegas que estavam próximos:

> Deise: – Ô pró, ela não sabe escrever não, porque ela é doente.
>
> Pesquisadora: – Doente de quê?
>
> Bianca: – Eu sou doente sim. (Mostra o olho lacrimejando. Segundo a professora era por falta dos óculos.)
>
> Deise: – Ela é doente porque não sabe escrever direito.
>
> Edvaldo: – Ela é doente pró. Ela nem escreve o nome dela. Ela faz assim (risca a cadeira com garatujas).
>
> Fernando: – Ela não é doente, porque não fala besteira nem entorta os olho.
>
> Bianca: (Fica arrumando a pasta e o cabelo parecendo alheia a essa discussão.) (Trecho do Diário de Campo da Escola Balão Mágico em julho de 2006.)

É notório que esse processo de "aceitação" de um colega com necessidades educacionais especiais na escola regular acaba por interferir no processo de aprendizagem e desenvolvimento dessa pessoa. Se por um lado a superproteção, de alguns colegas e até mesmo da professora, não promove desafios, por outro, a "estigmatização" desse colega pode desfavorecer a efetividade das interações sociais, da cooperação e da mediação que possibilitam o desenvolvimento.

É nesse contexto desafiador que Bianca estava construindo o conceito de base alfabética e, nesse ambiente, a análise microgenética foi utilizada para investigar o papel da linguagem, da dialogia, da mediação, da cooperação entre pares, na apropriação do conhecimento. Portanto, esta metodologia se tornou relevante para análise de processos de ensino e aprendizagem em sala de aula, especificamente sobre a aquisição da base alfabética na escrita, o que exige a formação de um pensamento conceitual e um nível de abstração.

De acordo com Menezes e Besnosik (1992: 8, 9), se

> a escrita é vista como um sistema de representação da linguagem oral [...], sua importância maior está [...] nos seus aspectos construtivos [...]. Neste sentido, a alfabetização é um ato individual e conceitual "no qual a criança busca" um sentido, uma interpretação nas marcas do mundo que a cerca.

Adquirir a base alfabética significa então compreender "que cada um dos caracteres da escrita corresponde a valores sonoros, menores que a sílaba, [...] realiza[ndo] sistematicamente uma análise sonora dos fonemas que vai escrever" (FERREIRO & TEBEROSKY, 1991: 213). Porém é importante que se diga que alcançar o modo alfabético de escrita não corresponde, paralelamente, dar conta das questões ortográficas da língua.

Entende-se hoje que a criança não é passiva diante da linguagem que se fala à sua volta; ao contrário, procura "compreendê-la, formula hipóteses, busca regularidades, coloca à prova suas antecipações e cria sua própria gramática" (FERREIRO & TEBEROSKY, 1991: 22). Portanto, a aquisição da base alfabética pela criança com Síndrome de Down, na Escola Balão Mágico, foi acompanhada até o final do ano letivo.

Essa opção pelo acompanhamento da construção da base alfabética na língua escrita pautou-se no entendimento de que a língua escrita exige uma descontextualização, uma abstração, pois é em si mesma a representação (gráfica) da representação (oral). De acordo com Kato (1986: 19),

> a capacidade de simbolização do homem começa por uma representação de primeira ordem – isto é, figuras representando coisas –, para só mais tarde atingir uma etapa em que represente a fala, já em uma simbolização de segunda ordem. No trajeto entre essa primeira fase até a escrita alfabética, o homem vai tomando consciência das várias unidades linguísticas: palavra, sílaba e som.

Observa-se que adquirir a base alfabética implica a aquisição de vários conceitos. Assim, inserida numa sociedade letrada "pelo processo de alfabetização, a criança não só está criando, formando conceitos, mas também categorias conceituais para perceber a realidade e ordenar o mundo que a rodeia" (MILLS, 2003: 240).

Adquirir a linguagem escrita implica, pois, analisar a língua falada e sintetizá-la num esquema de símbolos gráficos. Isso implica também um processo de descontextualização da realidade imediata e, portanto, implica a própria formação do pensamento conceitual.

Diante dessa complexidade que envolve a aprendizagem da língua escrita e do papel fundamental que ela possui para o desenvolvimento cultural da criança, Vygotsky enfatiza a importância de uma pedagogia especializada no ensino da língua escrita às crianças. Ele diz: "ensina-se as crianças a desenhar as letras e construir palavras com elas [...] enfatiza-se de tal forma a mecânica de ler o que está escrito que acaba-se obscurecendo a linguagem escrita como tal" (VYGOTSKY, 1998a: 139).

A partir dessa compreensão as categorias analisadas neste capítulo são: mediação docente, cooperação entre pares de estudantes e apropriação do conceito de base alfabética pela criança com Síndrome de Down. Essa análise é feita a partir de episódios selecionados das noventa e nove horas de observação realizada, durante a pesquisa empírica, e transcrita em Diário de Campo. É importante que se esclareça que a última categoria, apropriação de conceitos, está entremeada nas análises das categorias anteriores, porém acrescentam-se na análise dessa categoria específica os momentos de interação que se estabeleceram entre a pesquisadora e a criança com Síndrome de Down, devido ao fato de que essa criança ficava, na maior parte dos momentos da aula, alheia às discussões e/ou produções do grupo. Desse modo, como a observação participante permite a participação ativa do pesquisador no contexto investigado, optou-se por observar a categoria de apropriação do conceito de base alfabética a partir das interações entre a pesquisadora e a criança com Síndrome de Down.

4.1 Mediação docente

Após decidir com a professora da turma acerca do conceito a ser acompanhado foi possível observar, ao longo da investigação, que o seu trabalho modificou-se[3] com relação à proposta de ensino da língua escrita. Ao invés de enfatizar o trabalho com vogais, consoantes e sílabas descontextualizadas, forma como trabalhou no primeiro e segundo bimestre letivo, ela passou a trabalhar com músicas, parlendas, listagens e histórias.

---

3. Esta mudança pode ser atribuída a sua participação no curso do Profa (Programa de Formação de Alfabetizadores), organizado pelo Ministério da Educação.

Essa mudança com relação à elaboração de atividades mais significativas favoreceu o avanço de Bianca, pois "a linguagem escrita converte-se num sistema de signos que simboliza [...] as entidades reais e as relações entre elas. [Portanto] [...] o domínio de um tal sistema complexo de signos não pode ser alcançado de maneira mecânica e externa [...]" (VYGOTSKY, 1998a: 140).

> Pesquisadora: – O que você espera de Bianca na primeira série? [...]
>
> Professora: – Ah, que ela saísse lendo, assim, e escrevendo.
>
> Pesquisadora: – Mas essa habilidade você espera de Bianca somente?
>
> Professora – Não, planejo para todos. Mas se eu conseguir com ela, é a maior conquista (Trecho da entrevista com a professora da Escola Balão Mágico).

Isso demonstra que, embora a professora acreditasse na possibilidade de Bianca ler e escrever, considerava isso um grande desafio na turma. Ainda assim, o fato de acreditar que Bianca é capaz de ser alfabetizada torna-se um diferencial significativo no processo de aprendizagem da estudante, tendo em vista que estudos desenvolvidos por Rosenthal e Jacobson (1986, apud PRIOSTE; RAIÇA & MACHADO, 2006: 58) "revelam que a expectativa prévia dos professores interfere significativamente no investimento no aluno". Muitos professores, por não acreditarem na capacidade de aprendizagem dos estudantes com Síndrome de Down, acabam desenvolvendo práticas que restringem a "educação inclusiva" às questões relativas à socialização, pensando ser suficiente o convívio entre os ditos "normais".

Outro fato importante a ser relatado é o desejo da professora em aperfeiçoar a sua prática docente. Nesse sentido, durante o lanche e recreio dos estudantes, a professora compartilhava com a pesquisadora suas inquietações acerca do trabalho que estava desenvolvendo até o momento, questionava sobre como dar conta da questão do comportamento do grupo, como trabalhar diante da heterogeneidade de conhecimentos presentes na sala de aula, como desenvolver avaliação etc. Assim, os diálogos travados nestes momentos possibilitaram também uma ação colaborativa entre a pesquisadora e a docente durante o desenvolvimento da investigação.

O grande número de estudantes na sala impedia uma maior assistência a Bianca, tendo em vista a solicitação feita pelos outros estudantes e o comportamento tímido de Bianca, diante das manifestações de falta de limites dos seus colegas. Assim, a maior parte das mediações de Bianca foi realizada pela pesquisadora e não pela professora. Isto pode ser observado a seguir, em alguns trechos selecionados do Diário de Campo.

> A professora colou um calendário no quadro e tenta explicar a composição em dias, semanas e meses. [...] Bianca faz garatujas em uma folha de caderno cedida por Alaíde. (Trecho do Diário de Campo da Escola Balão Mágico em agosto de 2006.)

> A professora distribui a atividade mimeografada. [...] Bianca está fazendo em seu caderno letras aleatórias tipo bastão (Trecho do Diário de Campo da Escola Balão Mágico em setembro de 2006.)

Com base nos estudos de Luria (1988) sobre a pré-história da linguagem escrita, entende-se que esses registros gráficos feitos por Bianca não têm função de signo ou de representação, como instrumento cultural; antes fazem parte de um processo imitativo da criança que se transforma em prazer de rabiscar o papel, sem se preocupar com a funcionalidade ou instrumentalidade do conteúdo escrito.

> Professora: (Escreve no quadro: Listagem das profissões, e pergunta:) – Quais as profissões que vocês conhecem?
>
> Jaciene: – Amiga.
>
> Tito: – Bicicleta.
>
> Alaíde: – Carro.
>
> (...brigas entre estudantes, reclamações da professora...)
>
> Professora: – Profissão é o que a pessoa faz. O que seu pai faz, Antônio?
>
> Antônio: – É açougueiro.
>
> Professora: – Vocês conhecem outra?
>
> Selton: – Meu pai trabalha de pedreiro.
>
> (A professora solicita ajuda do grupo para escrever as palavras no quadro. Enquanto isso, Bianca escreve letras

aleatórias no caderno.) (Trecho do Diário de Campo da Escola Balão Mágico em setembro de 2006.)

Observa-se que Bianca não era envolvida nas atividades grupais. Nenhuma pergunta era dirigida a ela, especificamente. Porém isto também acontecia com outras crianças que eram tímidas. Portanto não se pode falar que havia uma exclusão intencional da criança com Síndrome de Down, mas pode-se questionar se a escola tem conseguido trabalhar com aqueles estudantes que não se enquadram em seu estereótipo: participativo, falante, envolvido nas atividades grupais. Sendo assim, é possível perguntar: Se a escola não tem atendido a peculiaridades de comportamentos, como a timidez, como falar em inclusão de crianças com Síndrome de Down?

Por possuírem atraso no desenvolvimento cognitivo e muitas vezes interações extraescolares que não as desafiam suficientemente, as crianças com Síndrome de Down têm um caminho mais longo a ser percorrido no processo de formação dos conceitos trabalhados no espaço escolar. Sem dúvida, isso lhes demanda um tempo maior. Por isso, o processo avaliativo dessas crianças precisa ser uma das adaptações a serem efetivadas num currículo que pretenda atendê-las. Desse modo, a avaliação precisa considerar seu esforço e seu avanço com relação ao conhecimento que já possuía anteriormente. Também por estes motivos, a quantidade (frequência) e a qualidade dos suportes ou níveis de ajuda a serem fornecidos a elas precisam ser criadoras de ZDPs de tal modo que consigam, posteriormente, resolver autonomamente tarefas envolvendo os conceitos internalizados.

Apesar do contexto desfavorável da classe, em alguns momentos, porém, acontecia a interação da professora com Bianca.

(Bianca escreve letras-bastão misturadas com garatujas no caderno; há outro colega ao seu lado. A professora dirige-se até ela e pergunta:) – Quem escreveu aqui?

Bianca: – Eu.

Professora: – Jura?

Bianca: – Foi.

Professora: – Que palavra é?

Bianca: – Maçã.

Alaíde: – Selton escreveu e ela repetiu.

> Professora: – Ah! (Trecho do Diário de Campo da Escola Balão Mágico em agosto de 2006.)

Percebe-se que a professora conhece o desenvolvimento real de Bianca e sabe que ela não poderia ter escrito sozinha a palavra que havia sido registrada no caderno de forma alfabética, porém não há nenhuma proposição de atividade mediadora seguida a essa descoberta.

No episódio transcrito a seguir a professora propõe a realização de um bingo de palavras. Ela dita as palavras; os estudantes precisam achá-las, a partir da leitura, e marcá-las na cartela. Porém, é importante ressaltar que a professora se preocupava em fazer uma atividade diferenciada para Bianca, pois, em sua folha de bingo, além das palavras havia também as gravuras representativas. Essas gravuras serviam de apoio ao processo de leitura dessa criança. Portanto, essa atividade revelou-se mais adequada à criação de Zona de Desenvolvimento Proximal de Bianca. No entanto, a professora não conseguia interagir com ela, mediando-a na realização da tarefa, devido à intensa solicitação feita pelos outros estudantes.

> Professora: (Dita, gradativamente, as palavras do Bingo: casa, anel, pente, flor, xícara, lápis, pera.)
>
> Bianca: (Fica alheia à realização da atividade.)
>
> Professora: – Ô Bianca, cadê o seu?
>
> Bianca: – Não tenho lápis.
>
> Professora: (Procura um lápis em seu material e dá para que Bianca possa fazer a atividade.)
>
> Bianca: (Preenche o cabeçalho e escreve seu nome de forma silábico-alfabética. Em seguida pinta, com o lápis preto, as gravuras.)
>
> (A pesquisadora se aproxima para fazer a mediação.) [...]
>
> Professora: – A palavra é lápis.
>
> Pesquisadora: – Tem lápis no seu?
>
> Bianca: Tem.
>
> Pesquisadora: – Então marca.
>
> Bianca: (Pinta o lápis e marca a palavra).
>
> Professora: – A próxima palavra é pera.
>
> Pesquisadora: – Tem pera no seu?

Bianca: – Não.

Pesquisadora: – Olhe novamente...

Bianca: – Tem (Marca).

[...]

Pesquisadora: – Você já acabou. Agora grite: Bingo!

Bianca: – Bingo!

Professora: (Não consegue escutá-la, pois está atendendo a outros estudantes.)

Bianca: (Leva o bingo e entrega à professora.)

Professora: – Você ganhou?

Bianca: – Ganhei.

Professora: – Agora olhe o que está faltando aqui. (Mostra o nome completo de Bianca escrito de forma silábico-alfabética. Dirige-se, em seguida, a todo o grupo.) Agora, no caderno de vocês é para copiar as palavras que eu ditei colocando no plural.

Bianca: (Sai da sala às 14h40min e não retorna até o final do recreio.) (Trecho do Diário de Campo da Escola Balão Mágico em novembro de 2006.)

Quando as atividades propostas não promovem o envolvimento de Bianca, ou quando a turma está muito indisciplinada, Bianca sai da sala e vai para a sala da secretaria onde fica conversando com a diretora. Devido a dificuldades de se estabelecer limites para ela, a diretora afirma: "Não sei o que fazer. Às vezes ela quer ficar na secretaria o tempo todo e, mesmo que eu mande retornar para a sala, ela não retorna" [sic]. Isso revela a ausência de preparo de todos os atores da escola para lidar com Bianca, especificamente, e com as situações de faltas de limites do grupo da primeira série.

Apesar de, em alguns momentos, a professora demonstrar preocupação em propor atividades diferenciadas de modo a atender às necessidades não somente de Bianca, mas dos demais estudantes que ainda não estavam alfabetizados, em outros momentos eram trazidas tarefas com letra cursiva, o que dificultava não somente a leitura, mas o registro escrito dos estudantes. No episódio a seguir, a atividade proposta era um texto enigmático: na parte superior havia os símbolos e as palavras; na parte inferior, as linhas e os símbolos. O texto final era o seguinte: "O macaco pulava de galho em galho. De repente ele viu uma cobra. Com o susto, o macaco caiu do galho".

Professora: – Vocês vão escrever esse texto observando os símbolos que correspondem às palavras e copiando.

Bianca: (Tentava reproduzir as palavras "copiando" as letras escritas de forma cursiva, mas ainda não reconhecidas por ela.)

Professora: (Aproxima-se de Bianca para mediá-la fazendo a leitura das palavras a fim de dar significado à atividade e ajudá-la a escrever utilizando suas próprias hipóteses acerca do sistema alfabético, porém a todo tempo outros estudantes vinham interferir, solicitando ajuda à professora.)

Bianca: (Registra o texto assim:) "O MDCDCO PUAVA BARO TROABAO ATOA POB GALHO. ELE PUPVVCC VVIU ELE VCU PUIDVA COM O DE". (Após a escrita ela pintou os símbolos e a gravura do macaco com hidrocor.)

Pesquisadora: Vamos ler o que está escrito? (Apontando as palavras sob os símbolos.)

Bianca: (Não consegue e não reconhece as letras, tendo em vista que eram cursivas. Sai da sala às 14h30min e não retorna depois do recreio.) (Trecho do Diário de Campo da Escola Balão Mágico em novembro de 2006.)

Observa-se a importância da mediação na proposição de atividades que favoreçam a criação de ZDPs no aprendente, pois, de outro modo, não há como se apropriar do conceito que está sendo trabalhado. Para que o novo conceito seja internalizado pelo aprendente é necessário que o conceito cotidiano preexistente, no caso da escrita de Bianca, a sua hipótese pré-silábica, já não satisfaça mais a compreensão do conteúdo. Portanto, na mediação pedagógica, as atividades propostas devem criar desafios não possíveis de serem resolvidos com os conceitos ou hipóteses já possuídos. Na medida em que o aprendente percebe essa impossibilidade, ele toma consciência, através de mediações ocorridas num processo dialógico, e internaliza o novo conceito. Isso aponta para um processo de metacognição, na medida em que o aprendente acompanha e avalia o seu próprio processo de aprender. Por outro lado, a não percepção dessa impossibilidade leva o aprendente a "conviver" com o novo conceito sem, contudo, internalizá-lo.

Outra atividade diferenciada proposta para Bianca foi uma tarefa com o seguinte enunciado: "Procure no caça-palavras palavras começadas com a letra P". Porém, especificamente na atividade de Bianca as palavras estavam destacadas abaixo do caça-palavras: papai, picada, piano, pano, pião, pato, piada. Com essa pista, Bianca pode encontrar todas as palavras sem necessitar de interações dialógicas. A consigna da segunda questão dessa atividade era: "Escreva nos quadros as palavras que você encontrou". Mais uma vez Bianca consegue copiar corretamente, sem intervenções. Isso revela que Bianca se apropriou das pistas dadas na própria tarefa e não necessitou de outros níveis de ajuda para resolver a atividade. Com mediação da pesquisadora, Bianca consegue ler as palavras: pato, papai, pião e pia. Porém, nem com ajuda consegue decodificar as palavras: piano, piada e picada, esta última em função do som da letra C lida como som de Ç.

No dia do estudante, a professora distribuiu uma imagem mimeografada de um menino escrevendo "Feliz Dia do Estudante!", para que os estudantes fizessem a pintura. Bianca cobre o contorno do desenho com hidrocor e a professora comenta: "Ela tem uma boa coordenação motora". (Trecho do Diário de Campo da Escola Balão Mágico em agosto de 2006.)

Sem dúvida, o reconhecimento dessa potencialidade de Bianca é importante, porém a escrita não pode ser reduzida

> a seu aspecto motor externo [para que não seja confundida com] [...] "maturação" das funções perceptivo-motoras [...]. A disposição para a percepção da língua escrita parece passar [...] pela apropriação que a criança possa fazer tanto das características e potencialidades funcionais da linguagem escrita como do sentido cultural e da demanda cognitiva de sua prática (BAQUERO, 2001: 86).

Assim, muito mais do que habilidades motoras, para aprender a língua escrita, a criança precisa: relacionar signo e significado e compreender a função social da língua escrita como prática cultural específica.

Uma atividade mediadora importante, sugerida pela professora, foi uma proposta de preenchimento de diretas (atividade na qual as letras devem ser escritas em cada quadrinho) em que deveria ser dada resposta para uma adivinhação. Essa atividade foi problematizadora e desafiadora para Bianca, tendo em vista que, quando mediada, ela apresentava uma hipótese silábico-alfabética, isto é, fazia registro, ora com uma letra para cada sílaba, ora de forma alfabética, com o registro da sílaba completa. Porém, a professora dava atendimento aos outros estudantes que a procuravam; assim a mediação de Bianca ficava por conta da pesquisadora.

A *primeira adivinha era*: Qual o bicho que faz a maior onda abanando a cauda?

Bianca: (Escreve) BATA.

Pesquisadora: Não é T é LE (Falando a sílaba).

Bianca: (Registra) L

Pesquisadora: – Observe LE. (A pesquisadora oferece vários níveis de ajuda dizendo LA, LI, LO. Porém, como a letra L tem o mesmo som da sílaba, teve que dar a pista de que seria LÉ, artificializando o som da sílaba para que o E fosse também percebido.)

Bianca: (Registra) BALEA.

Pesquisadora: – É: IA.

Bianca: (Depois de várias tentativas percebe e registra:) IA

A *segunda adivinha era*: O gato caiu no poço. Como foi que ele saiu?

Esta atividade foi mais complicada para Bianca, pois o seu registro inicial foi UID (su-bin-do). A partir das mediações, ela consegue perceber as outras letras, mas, quando chega no N usado para nasalizar a sílaba BIN, ela não consegue perceber registrando apenas SUBIDO. A pesquisadora precisou, então, dizer que, quando o som sai pelo nariz, às vezes, coloca-se o N.

Outra adivinha proposta foi: O que é que enche uma casa, mas não enche uma mão?

Bianca registra BAO (bo-tão). Porém, com as mediações Bianca percebeu os outros sons.

A *última advinha* não representou desafio para Bianca e ela conseguiu fazer o registro logo no primeiro momento: Uma casinha branca sem porta e sem janela, uma dona é clara e a outra é amarela.

Ela registrou OVO. (Trecho do Diário de Campo da Escola Balão Mágico em agosto de 2006.)

Diante do exposto, infere-se que quanto mais o mediador tem consciência do conceito a ser construído e dos obstáculos que se interpõem para a construção do mesmo, revelados na forma como o aprendente lida com o conceito, mais ele pode planejar estratégias que possibilitem e promovam a apropriação de tal conceito, através da criação de ZDPs.

Um fato importante a se registrar é que devido o fato de estar cursando Licenciatura em Pedagogia e ter necessidade de fazer o estágio supervisionado em outra escola, a professora regente da classe foi substituída, por aproximadamente vinte dias, por outra professora, também aluna do curso de Licenciatura em Pedagogia. A forma de trabalho dessa "nova" professora era diferente da anterior. Ela decidiu lidar com o comportamento do grupo, colocando bastante atividade para ser copiada do quadro e respondida no caderno, pois, segundo ela, "só assim os alunos ficam quietos" (sic).

Por não saber como trabalhar com Bianca, essa professora propõe atividades diferenciadas com consignas do tipo: "Ajude o patinho chegar na casinha, completando os numerais" ou "Copie as vogais" e, ainda, "Copie as consoantes". Além de fazer essas atividades, Bianca também faz escritas aleatórias e pré-silábicas em folhas soltas, fica observando os colegas, faz leitura de imagens em um livro de Geografia da primeira série ou também assenta-se no colo da professora que permanece, a maior parte do tempo, sentada aguardando o caderno dos estudantes para conferir a tarefa.

Após diálogo com a pesquisadora, a "nova" professora assume outra postura e, nos dias da pesquisa, ela deixa a mediação de Bianca a cargo da pesquisadora.

Professora substituta: (Dirigindo-se à pesquisadora:) – Bianca tem essa avaliação de Ciências pra fazer. Vê o que você consegue. (Trecho do Diário de Campo da Escola Balão Mágico em outubro de 2006.)

Retomando os indicadores de análise, propostos no Quadro 1 para a categoria mediação pedagógica, observa-se que na Escola Balão Mágico há uma grande dificuldade em se operacionalizar essa mediação. Porém, é necessário que se aponte que houve significativos avanços na proposição de atividades intencionalmente planejadas, para contribuir com a superação de dificuldades das crianças, de modo geral, e que favorecia também, em alguns momentos, a criança com Síndrome de Down, de modo particular. Tais atividades, quando mediadas pela pesquisadora ou resolvidas de modo cooperativo com ajuda de Alaíde, colega com quem Bianca interagia, favoreciam a criação de ZDPs e a construção do conceito trabalhado. No entanto, embora tenha avançado no processo de mediação pedagógica, a docente da Escola Balão Mágico ainda não conseguia promover o envolvimento da estudante com Síndrome de Down no trabalho desenvolvido, de modo a favorecer a atenção, percepção, generalização e desenvolvimento da linguagem. Essa falta de envolvimento não possibilitava a problematização dos "erros" da criança com Síndrome de Down e nem o estabelecimento de relações entre conceitos cotidianos e conceitos científicos.

4.2 Cooperação dos colegas

Bianca passava a maior parte do tempo da aula sozinha ou fazendo atividade com Alaíde, que parecia ser sua amiga mais próxima, embora outros colegas, que sentavam perto dela, manifestassem interações ambíguas, pois ou ditavam tudo o que ela deveria fazer ou não se dirigiam a ela. Um exemplo disso encontra-se no episódio a seguir.

> Professora: (Divide a turma em grupos. No grupo de Bianca está Thaíse e Jaciene. O grupo recebe uma letra de cantiga de roda, recortada em estrofes, para colar na ordem devida. Em outros grupos a complexidade é maior, pois a música está recortada por palavras.)

> Grupo: (Thaíse e Jaciene assumem o trabalho, enquanto Bianca observa. Ela fica com a boca semiaberta e depois se deita no braço da carteira, coça-se e observa a ação das colegas. Jaciene não envolve Bianca e pede ajuda a colegas de outros grupos. Bianca observa e rói unha. Às 14h30min Bianca sai da sala e não retorna até o final do recreio.) (Trecho do Diário de Campo da Escola Balão Mágico em outubro de 2006.)

Percebe-se a exclusão explícita de Bianca pelo grupo, de modo que ela não se sente contemplada com a atividade e acaba saindo da sala. Devido às solicitações dos demais estudantes, a professora muitas vezes não se dá conta da saída de Bianca. Essa forma de exclusão feita pelo grupo é muito pautada na concepção de que Bianca não sabe e não tem a contribuir para os avanços do mesmo.

Porém, com a parceria de Alaíde, a cooperação se efetiva de fato. Em uma determinada aula, a turma estava trabalhando em duplas, com história. Bianca estava com Alaíde e liam o livro *A bruxinha atrapalhada*, de Eva Furnari. Uma característica interessante nesse livro é que a leitura é imagética, isto é, não há registro de palavras. A primeira história lida pela dupla foi "O chapéu". A tarefa consistia em escrever a história lida. Alaíde cooperava com Bianca e logo se ofereceu para fazer a leitura e Bianca o registro escrito. Alaíde reproduzia a forma com que a pesquisadora havia mediado Bianca em aulas anteriores. Ela dizia sílaba por sílaba e Bianca definia qual o registro e o fazia. É importante dizer que a hipótese de escrita de Alaíde era a mesma de Bianca: ambas escreviam de forma silábica, ou seja, faziam um registro escrito para cada sílaba.

Pesquisadora: – Como é a história que vocês vão escrever?

Alaíde: – A bruxa transformou o passarinho em chapéu. A bruxa colocou o chapéu na cabeça e o chapéu voou.

(Bianca não participa da criação ou leitura da história.)

Alaíde: – Escreve Bianca: A.

Bianca: (Repete a sílaba, olhando para a pesquisadora e registra:) A

Alaíde: – BRU

Bianca: (Repete a sílaba, olhando para a pesquisadora e registra:) U

Alaíde: – XA

Bianca: (Repete a sílaba, olhando para a pesquisadora e registra:) O

Alaíde: – Não. XA é C e A.

Bianca: (Escreve:) CA

Alaíde: – Agora: TRAN

Bianca: (Olha para a pesquisadora.)

Pesquisadora: – Qual a letra que a gente usa quando a língua treme? TRANS (Ênfase no R.)

Bianca: – R.

Pesquisadora: – Muito bem!

(Assim aconteceu até o final da história que ficou registrada da seguinte forma.)

A UCA R OU U   A C R O   I   CA U

A bru xa trans for mou o pas sa ri nho em   cha péu

A U A   O LO   U   A P U   A   C B C A

A bru xa   co lo cou   o   cha péu   na   ca be ça

I   U C A U   V O

e o cha péu   vo ou. (Trecho do Diário de Campo da Escola Balão Mágico em agosto de 2006.)

Neste trecho, é importante chamar atenção para a cooperação entre pares no processo de construção do pensamento conceitual. No momento em que Alaíde chama atenção de Bianca afirmando que XA não pode ser registrado com O e sim com C, A, ela também está intervindo na Zona de Desenvolvimento Proximal, proporcionando a Bianca uma maior reflexão diante de sua resposta.

Em outro momento, a turma, mais uma vez, colocada em duplas, devia escrever a parlenda "Hoje é domingo" ditada pela professora. Nesse dia, novamente estavam Bianca e Alaíde. É interessante observar que Alaíde sempre sugere que Bianca seja a escriba. Porém as duas iam pensando juntas, e Bianca fazia o registro.

Professora: – Hoje. É HO – JE (Fala dando ênfase às sílabas.)

Bianca: (Repete a sílaba, olhando para a pesquisadora e registra:) O

Alaíde: – JE

Bianca: (Repete a sílaba, olhando para a pesquisadora e diz:) – É J de João.

Professora: – É

Bianca: (Repete, olhando para a pesquisadora, e registra:) E

Professora: – DO – MIN – GO

Alaíde: – DO

Bianca: (Repete a sílaba, olhando para a pesquisadora, e registra:) O

Alaíde: – MIN

Bianca: (Repete a sílaba, olhando para a pesquisadora, e registra:) I

Alaíde: – GO

Bianca: (Repete a sílaba, olhando para a pesquisadora, e registra:) O

(E assim foi até chegar à palavra cachimbo.)

Pesquisadora: – XIM

Bianca: – É CHÊ

Pesquisadora: – E que letra você acha que é CHÊ?

Bianca: – X.

(Bianca faz o registro silábico até o verso *Bate no touro*. Nesse instante ela diz:) – Não vou fazer mais. (Vira a folha do caderno e continua:) – Vou fazer aquilo ali (Mostra para o quadro que tem o cabeçalho escrito pela professora com letra cursiva. Ela começa a preencher a folha com garatujas[4]).

Pesquisadora: (Interrompendo): – O que você está fazendo?

Bianca: – Aquilo ali. (Mostra o quadro mais uma vez.)

Pesquisadora: – Mas aqui não tem letrinhas. (Aponta o caderno com garatujas.)

Bianca: – Mas a minha pró escreve assim.

(Percebe-se que Bianca está tentando imitar a letra cursiva feita pela professora.)

Pesquisadora: – Vamos continuar? Você parou no touro.

Bianca: – Quando eu acabar eu viro. Tá?

(Quando ela resolve recomeçar, Alaíde já não está mais com ela. A escrita continua com o ditado silabado da parlenda até chegar à palavra gente.)

Bianca: (Repete a sílaba, olhando para a pesquisadora, e pergunta:) – X?

Tito: (Está por perto acompanhando a escrita de Bianca e diz:) – É J de Jacaré.

(Continua a escrita até chegar a FRACO.)

---

4. Forma de registro escrito com riscos e rabiscos, ainda que possua sentido para quem o escreve.

Pesquisadora: – FRA

Bianca: – Não sei.

Pesquisadora: – Olhe para a boca da pró: FRA (Ênfase no R.) Fale você mesma.

Bianca: – FRACO. (Fala olhando para a pesquisadora, e registra:) – O

Pesquisadora: – Antes do O tem alguma coisa.

Bianca: – Não sei. (Retorna a fazer garatujas.)

Pesquisadora: – Vamos...

Bianca: – Não quero não.

A escrita da parlenda ficou da seguinte forma:

O J E O I O
Ho je é do min go

PE D A X U
Pé de ca chim bo

U A XU E I OR
O ca chim bo é de ou ro

AI O OR
Ba te no tou ro

O U R E V L I
O tou ro é va len te

BA I N J I
Ba te na gen te

A JI E
A gen te é ... (Trecho do Diário de Campo da Escola Balão Mágico em agosto de 2006.)

Observa-se que há um momento no desenvolvimento da atividade que Bianca parece se cansar de refletir sobre a escrita e se recusa a continuar, optando por escrever como a professora. Isso significa que, naquele momento, "para ela, o ato de escrever não é um meio para recordar, para representar algum significado, mas um ato suficiente em si mesmo, um brinquedo" (LURIA, 1988: 149), uma imitação da escrita do adulto. Porém, esse fato não representa um retrocesso no processo de desenvolvimento, antes Vygotsky (1998a) entende a imitação como a possibilidade de criação de ZDP, pois, segundo ele, a criança só imita o que faz parte do seu desenvolvimento potencial.

Em outro dia, Alaíde mostrou uma atividade diferenciada no caderno de Bianca. A atividade propunha a escrita de palavras a partir de gravuras. Havia mamão, uva, maçã, morango. Selton, Alaíde e Bianca estavam trabalhando juntos, mesmo sem a aquiescência da professora que estava desenvolvendo outra atividade. Porém, Selton escrevia as palavras relacionadas aos desenhos na primeira linha e Bianca as copiava nas linhas seguintes. (Trecho do Diário de Campo da Escola Balão Mágico em agosto de 2006.)

Observa-se, na situação descrita acima, que esse grupo não se tornou operacional na medida em que um estudante respondeu a atividade sozinho, impossibilitando que as outras pensassem a respeito dos desafios do conceito da base alfabética. Esse se constitui um dos grandes problemas de uma aprendizagem cooperativa, quando não há efetivamente a cooperação, pois a ideia de cooperação é a mesma que envolve a mediação pedagógica, ou seja, o pressuposto vygotskyano de que aquilo que o estudante faz com ajuda, num determinado momento, deve ser capaz de fazer sozinho em outro momento, apropriando-se da ajuda recebida.

No entanto, apesar dessa cópia feita por Bianca se revelar como ato de escrita puramente externo, ou seja, sem consciência do seu significado funcional e simbólico e sem compreensão da escrita como um instrumento da cultura, entende-se a relevância desse momento por proporcionar gesto e registro como parte do processo de desenvolvimento da escrita. Assim, nenhuma situação em que se estabeleça a interação e o registro gráfico pode ser descartada do processo de aquisição da língua escrita.

Em outro momento, a professora sugeriu que as crianças fizessem, em duplas, a escrita da cantiga de roda "Atirei o pau no gato". Mais uma vez, a dupla foi formada por Alaíde e Bianca, sendo esta última novamente escolhida como escriba.

> Alaíde dizia as palavras a serem escritas falando pausadamente sílaba por sílaba, e Bianca as registrava. A forma final da escrita foi a seguinte:
>
> A I R   U A   U G O
> *A ti rei o pau no ga to*
>
> M S I   U G O   N U   M R
> *Mas   o ga to   não   mor reu*
>
> D A   X A D   I R   S
> *Do na   Chi ca ad mi rou - se*

O B E Q D U

Do berro que deu. (Trecho do Diário de Campo da Escola Balão Mágico em setembro de 2006.)

Observa-se que na Escola Balão Mágico a cooperação dos pares, especificamente e exclusivamente a cooperação estabelecida entre a dupla Bianca e Alaíde, favorecia a interação da criança com Síndrome de Down, sem excluí-la do grupo. De igual modo, o fornecimento de níveis de ajuda num processo de aprendizagem colaborativa revelou-se fundamental para que a criança com Síndrome de Down se apropriasse das ajudas e conquistasse certa autonomia na resolução de algumas atividades. Pode-se dizer que, especificamente, com a colega Alaíde houve resolução das atividades <u>com</u> a criança com Síndrome de Down e não <u>por</u> ela.

4.3 Apropriação do conceito

Bianca estava em julho de 2006 com uma escrita pré-silábica, porém ela já havia garantido o conhecimento de todas as letras do alfabeto e sabia as letras do seu nome, embora não as utilizasse na ordem devida.

Diante da quantidade de estudantes na sala a pesquisadora começou a ser solicitada pelos próprios estudantes, para ajudá-los nas atividades que envolviam a escrita. Desse modo, a presença da pesquisadora passou a ser, principalmente para Bianca, uma forma de interagir nas atividades. Assim, ela procurava sentar-se perto da pesquisadora, sempre que possível, ou procurá-la na hora da atividade.

Nesse processo, buscou-se dar atenção mais individualizada a Bianca para acompanhá-la nessa construção conceitual. Assim, em uma determinada atividade sugerida pela professora após a sua leitura da música "Canção da América" de Milton Nascimento, havia uma questão solicitando que os estudantes escrevessem o nome de três amigos.

> Pesquisadora: – Vamos, Bianca. Coloque o nome de seus amigos! Quem são?
>
> Bianca: – Alane.
>
> Pesquisadora: – E como se escreve Alane?
>
> Bianca: (Escreve utilizando garatujas).
>
> Pesquisadora: – Olhe A
>
> Bianca: (Repete, olhando para a pesquisadora, e registra:) A

Pesquisadora: – LA

Bianca: (Repete a sílaba, olhando para a pesquisadora, e registra:) M

Pesquisadora: Olhe a boca da pró: LA.

Bianca (Confirma:) – M

Pesquisadora: – NE

Bianca: – (Registra:) 8

Pesquisadora: – Aqui tem Alane?

Bianca: – Tem (Ela lê silabicamente, mostrando cada registro e fazendo a correspondência oral A M 8:) A LA NE

Pesquisadora: – Quem mais é seu amigo?

Bianca: – Thaynara.

Pesquisadora: – Então escreve TA

Bianca: (Repete a sílaba, olhando para a pesquisadora, e registra:) A

Pesquisadora: – I

Bianca: (Fala, olhando para a pesquisadora, e registra:) I

Pesquisadora: – NA

Bianca: (Repete a sílaba, olhando para a pesquisadora, e registra:) A

Pesquisadora: – RA

Bianca: (Repete a sílaba, olhando para a pesquisadora, e registra:) R

Pesquisadora: – Agora só falta mais um.

Bianca: – Emerson.

Pesquisadora: – E

Bianca: (Fala, olhando para a pesquisadora, e registra:) E

Pesquisadora: – MER

Bianca: (Fala, olhando para a pesquisadora, e registra:) M

Pesquisadora: – SON

Bianca: (Fala, olhando para a pesquisadora e registra:) O
(Trecho do Diário de Campo da Escola Balão Mágico em julho de 2006.)

Observa-se nessa atividade o avanço de Bianca em relação à percepção da relação som/grafia. Ela que, inicialmente, em seu desenvolvimento real, fazia registro de letras misturadas com números e não se preocupava com o som escutado, para fazer o registro gráfico, demonstra que quando, devidamente mediada na Zona de Desenvolvimento Proximal, tem possibilidade de rever suas hipóteses anteriores e avançar na elaboração da escrita.

Em outro momento, Bianca é desafiada a fazer uma listagem de brinquedos.

Bianca: – Boneca.

Pesquisadora: – Então escreve BO (Fala silabicamente, mas o som falado é BU.)

Bianca: (Repete a sílaba, olhando para a pesquisadora, e registra:) U

Pesquisadora: – NE

Bianca: (Repete a sílaba, olhando para a pesquisadora, e registra:) L

Pesquisadora: – Olhe a boca da pró: NE.

Bianca: (Repete:) L

Pesquisadora: – Agora, CA.

Bianca: (Repete a sílaba, olhando para a pesquisadora, e registra:) H

Pesquisadora: – Presta atenção na boca da pró: CA.

Bianca: (Registra depois do H o A:) HA.

Pesquisadora: – Agora diga outro brinquedo.

Bianca: – Bola.

Pesquisadora: – Então escreva BO.

Bianca: (Repete a sílaba, olhando para a pesquisadora, e registra:) B

Pesquisadora: – LA

Bianca: (Repete a sílaba, olhando para a pesquisadora, e registra:) A

Pesquisadora: – Qual o outro brinquedo?

Bianca: – Carro.

> Pesquisadora: – Vamos CAR
>
> Bianca: (Repete a sílaba, olhando para a pesquisadora, e registra:) H
>
> Pesquisadora: – RO
>
> Bianca: (Repete a sílaba, olhando para a pesquisadora, e registra:) O
>
> Pesquisadora: – Há outro brinquedo?
>
> Bianca: – Avião.
>
> Pesquisadora: – Vamos lá, A.
>
> Bianca: (Repete, olhando para a pesquisadora, e registra:) A
>
> Pesquisadora: – VI
>
> Bianca: (Repete a sílaba, olhando para a pesquisadora, e registra:) V
>
> Pesquisadora: – ÃO
>
> Bianca: (Fala, olhando para a pesquisadora, e registra:) O
>
> [...]. (Trecho do Diário de Campo da Escola Balão Mágico em julho de 2006.)

Algumas coisas são importantes analisar neste trecho. Em alguns dias, Bianca já estava confiando em sua hipótese silábica e procurando discernir os registros gráficos para cada som escutado. De acordo com Ferreiro e Teberosky (1991: 193), a hipótese silábica é caracterizada "pela tentativa de dar um valor sonoro a cada uma das letras que compõem uma escrita [...] cada letra vale por uma sílaba".

Porém, apesar do cuidado no registro, em duas situações distintas, ela acredita que o som NE é L e que o som CA é H. Isso demonstra não apenas a sua atitude ativa diante do conhecimento, de estar refletindo sobre o som/grafia, mas também as convicções que vão aparecendo. Mesmo que possa ser considerado um "erro" de registro de escrita, é possível perceber um processo reflexivo de Bianca quanto a esse registro.

Em outro momento, a professora distribui uma atividade mimeografada solicitando: "Desenhe e escreva no quadro o que você gosta de fazer nos dias da semana" (Figura 1). O papel estava separado com sete quadros contendo os nomes dos dias da semana. A atividade de Bianca foi mediada pela pesquisadora e ela escreveu da seguinte forma suas atividades em cada dia da semana:

Domingo: BONA – Boneca

Segunda-feira: ISLTA – Bicicleta

Terça-feira: LAVA OA – Lavar roupa

Quarta-feira: ONO – Boneco

Quinta-feira: OLA – Bola

Sexta-feira: ARO – Carro

Sábado: LAVA AO – Lavar prato. (Trecho do Diário de Campo da Escola Balão Mágico em agosto de 2006.)

Figura 1: Atividade mimeografada proposta a Bianca na Escola Balão Mágico

A atividade descrita mostra que a sua hipótese de escrita vem sendo modificada em direção a uma hipótese silábico-alfabética, ainda que valha a pena ressaltar que esse avanço acontece considerando-se a mediação na Zona de Desenvolvimento Proximal. Para Ferreiro e Teberosky, essa hipótese corresponde ao penúltimo nível na construção da base alfabética pela criança. Isso significa que "a criança abandona a hipótese silábica e descobre a necessidade de fazer uma análise que vá 'mais além' da sílaba pelo conflito entre a hipótese silábica e a exigência de quantidade mínima de grafias" (FERREIRO & TEBEROSKY, 1991: 196).

Através dessa atividade Bianca também mostra o seu desenho de representação da figura humana como no caso do boneco(a) no domingo e quarta-feira (Figura 1). Ela demonstra ter consciência corporal quando representa corpo com braços e mãos, pernas e pés, rosto com olhos e boca, cabelo. Também no desenho do carro e da bicicleta é possível observar a existência de detalhes como rodas e uma tentativa de representar o guidon da bicicleta. Porém, no desenho do carro há uma transparência quando mostra, de corpo inteiro, a pessoa sendo transportada. Esses chamados "desenhos de raio-X" revelam que a criança desenha não só o que vê, mas sim o que conhece acerca da realidade circundante (VYGOTSKY, 1998: 148). No entanto, isso faz parte do processo evolutivo no desenvolvimento da representação da criança através de desenhos. Outra questão, nessa atividade, que aponta a desenvoltura de Bianca é o desenho da bola que revela certa clareza em relação a formas geométricas.

Para Vygotsky (1998a), o desenho é uma etapa importante para a evolução da escrita da criança, pois representa um avanço na sua capacidade simbólica que se inicia nos gestos e passa à representação, através do desenho, utilizando-se de sinais gráficos que significam algo ou alguém.

Apesar desses avanços de Bianca em situações de mediação, é importante relatar também momentos de dúvida em relação a hipóteses que pareciam já conquistadas. No relato abaixo a professora distribui metade de uma folha de ofício para cada estudante e dá a seguinte consigna:

> Professora: – Vocês vão desenhar o corpo e as partes do corpo.
>
> Bianca: (Traz para a pesquisadora o seu papel com o início do desenho e diz:) – Olhe.
>
> Pesquisadora: – A cabeça, o pescoço, que mais?

Bianca: – Olho. (Desenha) [...]; Boca. (Desenha); e a perna. (Desenha). Pronto cabei!

Pesquisadora: – Agora escreva os nomes das partes. PERNA.

Bianca: (Repete a sílaba, olhando para a pesquisadora, e registra:) M

Pesquisadora: – PER

Bianca: – N

Pesquisadora: – Fale com sua boca.

Bianca: – PER... É P.

Pesquisadora: – Muito bem! Agora NA.

Bianca: (Fala, olhando para a pesquisadora, e registra:) A

Pesquisadora: – Agora aqui (mostra o tronco).

Bianca: – Barriga.

Pesquisadora: – Então escreve BAR.

Bianca: (Fala, olhando para a pesquisadora e registra:) A

Pesquisadora: – RI

Bianca: (Fala, olhando para a pesquisadora, e registra:) I

Pesquisadora: – GA.

Bianca: (Fala, olhando para a pesquisadora, e registra:) H

Pesquisadora: – Agora aqui. O que é isso? (Mostrando a cabeça.)

Bianca: – Cabeça.

Pesquisadora: – Escreva CA.

Bianca: – É CA de GAto?

Pesquisadora: – Gato é com G e Cabeça é CA (Diz a sílaba).

Bianca: (Repete a sílaba, olhando para a pesquisadora, e registra:) A

Pesquisadora: – BE.

Bianca: (Fala, olhando para a pesquisadora, e registra:) B

Pesquisadora: – ÇA

Bianca: (Fala, olhando para a pesquisadora, e registra:) S e A

[...]

> Pesquisadora: – É. Agora, o que é isso? (Mostra a boca.)
>
> Bianca: – Boca.
>
> Pesquisadora: – Então faz.
>
> Bianca: – É B de papai?
>
> Pesquisadora: – Não. Papai é com P.
>
> Bianca: – É com B de Bianca?
>
> Pesquisadora: – É!
>
> Bianca: – B e O.
>
> Pesquisadora: – Agora CA.
>
> Bianca – A.
>
> [...]
>
> Pesquisadora: – Muito bem! Agora coloque seu nome.
> (Trecho de Diário de Campo da Escola Balão Mágico em
> agosto de 2006.)

É importante registrar que em situações de interação na ZDP, ao receber ajuda de outros, Bianca consegue refletir sobre a língua escrita, mas parece não ter autonomia, ou melhor, não ter internalizado a ajuda para fazer sozinha o que faz com outro. Isso traduz o que afirma Luria (1988: 180), "a escrita não se desenvolve de forma alguma, em uma linha reta, com um crescimento e aperfeiçoamento contínuos".

Observando os avanços de Bianca quando mediada, a pesquisadora decide verificar no último semestre do ano letivo se houve de fato a internalização dos níveis de ajuda e suporte fornecidos, ou seja, se houve a internalização do conceito de base alfabética. Assim, algumas atividades sugeridas pela professora não foram mediadas pela pesquisadora a fim de verificar o desenvolvimento real de Bianca, naquele momento.

> Professora: Vocês vão fazer uma listagem dos meios de
> transporte que vocês conhecem.
>
> Pesquisadora: – O que a gente usa para voar?
>
> Bianca: – Avião.
>
> Pesquisadora: – Escreva: Avião.
>
> Bianca: (Olha para a pesquisadora como que esperando
> que seja falada sílaba por sílaba para que perceba o som.)

Pesquisadora: – Fale: avião e veja os sons que saem de sua boca.

Bianca: – Não quero não. (Após insistência escreve:). A F O.

Pesquisadora: – Qual o transporte que a gente usa para viajar no mar?

Bianca: – Navio.

Pesquisadora: – Escreva: navio.

Bianca: (Após relutar escreve:) N A O.

Pesquisadora – Agora leia mostrando com o seu dedinho.

Bianca: (Passa o dedo por cima dos registros escritos e fala:) Avião, navio.

Pesquisadora: – Onde está o VI de navio?

Bianca: (Observando sua escrita:) – Não tem.

Pesquisadora: – O que você vai fazer para consertar?

Bianca: – Não. Eu quero desenhar. (Após o desenho, Bianca sai da sala às 14h35min e não retorna até o final do recreio.) (Trecho do Diário de Campo da Escola Balão Mágico em novembro de 2006.)

É interessante comparar essa escrita de Bianca com a da aula do dia 24/10, quando a professora pediu uma listagem de transportes terrestres, aquáticos e aéreos. Com a mediação da pesquisadora fornecendo ajuda de modo silábico, Bianca escreve:

H O
Car ro

BI S LE TA
Bi ci cle ta

MOTO

BA O
Bar co

NAVIO

CANOA

AVIAO

BALAO

E LI COP TE RU
He li cóp te RO. (Trecho do Diário de Campo da Escola Balão Mágico em outubro de 2006.)

Observa-se que, quando se cria ZDP, Bianca consegue escrever seis palavras alfabeticamente, das nove que foram ditadas. Porém não demonstra apropriação dos níveis de ajuda na construção do conceito de base alfabética, quando precisa escrevê-las sozinha um mês depois. No entanto, apesar de ainda não ter internalizado a base alfabética, Bianca demonstra avanços significativos em direção a esse conceito, tendo em vista que no início do trabalho de mediação pedagógica o desenvolvimento real de Bianca oscilava entre a escrita de garatujas e uma escrita pré-silábica envolvendo letras e números. Agora, ao final do ano letivo, o desenvolvimento real de Bianca já revela uma escrita silábica, mesmo em alguns momentos não fazendo, ainda, a relação som-grafia.

Portanto, não é possível ignorar esses processos sociais na formação de conceitos, sendo que a linguagem se revela, ao mesmo tempo, um instrumento social e um signo na mediação e estruturação dos conceitos trabalhados.

Finalmente, quanto aos indicadores no processo de apropriação de conceitos por Bianca na Escola Balão Mágico, observa-se que ela evoluiu e modificou suas hipóteses iniciais a partir das interações sociais efetivadas em sala de aula, quer com a pesquisadora, quer com a colega Alaíde. Isso revela a percepção dos níveis de ajuda recebidos e apropriação dos mesmos, o que pode conduzir, posteriormente, a uma resolução autônoma da atividade. Porém, é notório que pelo próprio tempo de aprendizagem diferenciado para pessoas com Síndrome de Down essa internalização do conceito de base alfabética não aconteceu e, por isso, tal conceito não foi aplicado a outras situações de escrita, a não ser de forma mediada, criando-se ZDPs. Portanto, infere-se que o conceito trabalhado não foi inserido numa rede semântica, o que possibilitaria sua internalização, apesar de haver indícios reais dessa possibilidade a partir de mediações.

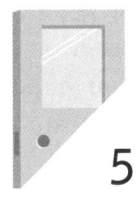

A construção de conceitos de ciências por estudantes com Síndrome de Down: uma análise microgenética

> *O papel das aulas de [...] Ciências é introduzir o aluno na cultura científica, uma cultura que tem história, métodos de trabalho e estruturas conceituais complexas. [...] Dessa forma, o processo de ensino-aprendizagem poderia ser caracterizado como um diálogo entre os discursos científico e cotidiano, no qual novos significados são tanto construídos como transmitidos* (MORTIMER, 2006: 367).

Os conceitos da área de Ciências serão observados a partir do trabalho desenvolvido na Escola Peter Pan. Essa área foi sugerida pela professora da classe e acatada pela pesquisadora, a partir de algumas considerações. Em primeiro lugar, de acordo com a professora "os alunos aprendem melhor quando são utilizadas experiências e situações concretas e esse tipo de trabalho já é realizado em Ciências" (sic). Em segundo lugar, considerou-se que a aprendizagem de conceitos na área de ciências nos anos iniciais do Ensino Fundamental proporciona a oportunidade de se construir posturas cidadãs diante de questões ambientais, dos recursos naturais e do seu próprio corpo, enquanto canal de interação com o ambiente. Isso favorece a estruturação das concepções cotidianas, pelas crianças, acerca dos fenômenos físicos e naturais do mundo a sua volta.

O ensino de Ciências, hoje, não se limita a transmitir aos estudantes os produtos da ciência, mas visa construir uma postura, uma forma de planejar, de coordenar pensamento e a ação diante do mundo, despertando inquietações, a busca de explicações lógicas e o desenvolvimento de posturas críticas, de modo que as decisões sejam fundamentadas em critérios defensáveis. "Portanto, os conteúdos selecionados pela escola têm grande importância e devem ser ressignificados e percebidos em seu contexto educacional específico" (BIZZO, 2002: 14).

A turma da segunda série da Escola Peter Pan na qual a pesquisa foi desenvolvida era composta por oito estudantes, sendo três do sexo masculino e cinco do sexo feminino. A faixa etária era de oito a treze anos. Lily, a aluna com Síndrome de Down, tinha nove anos de idade e começou a estudar na escola aos cinco anos. Ela fazia acompanhamento psicopedagógico e fonoaudiológico no Centro de Apoio Pedagógico (CAP). Segundo a diretora, Lily "apresenta bom rendimento, mas há dificuldade na abstração" (sic). As suas médias no primeiro semestre do ano letivo na área de Ciências foram: 6,0 e 6,0.

A professora dessa classe possuía onze anos de experiência na regência de classe. Ela havia concluído o curso médio de magistério e estava no quarto semestre do curso de Licenciatura em Pedagogia. Nessa escola específica, ela tinha três anos como professora e já havia trabalhado nos anos anteriores com crianças com necessidades especiais, como transtorno de comportamento e surdez.

O grupo apresentava um perfil muito participativo e, majoritariamente, de fácil aprendizagem. A maioria dos estudantes gostava de se expressar e de se posicionar em relação aos assuntos trazidos pela professora. Isso, talvez, dificultasse um maior envolvimento espontâneo de Lily. Porém, a professora sempre pedia a participação de todos e estimulava o grupo a ouvir e respeitar as diversas opiniões.

A inclusão de Lily na sala era notória. Ela era aceita pelos seus colegas que brincavam e também brigavam, naturalmente, com ela. Quando na entrevista a professora foi questionada sobre sua concepção sobre a inclusão de pessoas com Síndrome de Down em escola regular, ela respondeu:

> Na minha concepção é mais do que normal [...]. Eu mesmo trato como uma coisa normal. Não estou vendo essa coisa estranha não. [...] A relação dela com os colegas é ótima, ela tem uma coisa muito afetiva. Algumas vezes eles têm uma relação com ela [...] a paterna [...]. Mas ela, em relação ao grupo, é mais do que incluída (Trecho da entrevista com a professora da Escola Peter Pan em agosto de 2006.)

Porém, apesar do relacionamento considerado natural e saudável entre crianças, ainda foi possível observar algumas situações de discriminação e estigmatização, ainda que não parecesse se estabelecer de forma "consciente" no grupo.

> Professora: – Eu vou dividir o grupo em dois grupos de quatro.
>
> Paloma: – Eu Saly, Beatriz e Catarina.
>
> Robson: – Eu, Beatriz, Diogo e Delson.
>
> (Neste momento nenhum dos colegas escolhe Lily. A professora sugere outro tipo de divisão e inclui Lily.) (Trecho do Diário de Campo da Escola Peter Pan em julho de 2006.)

As representações feitas pelos estudantes acerca da Síndrome de Down e do déficit mental revelam, por um lado, os sintomas sociais da rejeição das limitações inerentes à deficiência mental e, por outro lado, a tolerância à diferença. De acordo com Jodelet (2005: 119), a palavra tolerância "implica o espaço deixado a outrem para pensar e até expressar crenças das quais não se compartilha, a coexistência de visões do mundo que cessaram de enfrentar-se com violência". Diante disso, infere-se que esse não é o tipo de sentimento que deve pautar as atitudes num espaço inclusivo, tendo em vista que a tolerância difere do respeito.

Na Escola Peter Pan ficou definido que o conceito a ser acompanhado, desde o início, seria relacionado aos assuntos a serem trabalhados em Ciências no III bimestre letivo: Corpo Humano e Alimentação Saudável e no IV bimestre: Animais.

De acordo com as pesquisas de Mortimer (2006), com relação ao ensino de conceitos na área de Ciência, tem-se claro que sem um processo mediador que compreenda estratégias de ensino envolvendo a consideração dos conhecimentos preexistentes na estrutura cognitiva do aprendente, a tomada de consciência do contexto em que tais ideias podem ser aplicadas e sem a generalização dos novos conceitos torna-se infrutífera a tentativa de ensino de conceitos científicos. Essa mediação é feita utilizando-se a linguagem, a estruturação de atividades didáticas sequenciadas, as situações de experiências e a cooperação dos colegas.

A análise dos dados "construídos" na investigação também foi feita tomando como base as categorias empíricas/teóricas levantadas neste trabalho e já descritas na introdução: mediação docente, cooperação dos colegas e apropriação do conceito.

Essas categorias serão discutidas neste capítulo numa perspectiva de análise microgenética do processo de formação conceitual pela criança com Síndrome de Down na escola Peter Pan, na área de Ciências. As categorias mediação pedagógica e cooperação entre pares foram investigadas a partir da observação participante e da utilização, em alguns momentos, do recurso de videogravação. Todos esses momentos foram transcritos, totalizando oitenta e nove horas de observação em sala de aula, além de cerca de três horas (divididas em três momentos) de mediação feita pela pesquisadora com uso de instrumento para observação da apropriação dos conceitos trabalhados, e alguns episódios foram selecionados para análise neste livro.

A categoria de apropriação do conceito é analisada, de modo transversalizado, na análise das duas categorias anteriores e em momentos de interação da pesquisadora com a criança com Síndrome de Down, quer em situação de mediação, quer em situação de conversa/entrevista, ou com uso de técnicas projetivas (desenho), conforme descrito na introdução.

A análise microgenética do processo de internalização de conceitos é feita com base na descrição dos indícios desse processo. Porém é necessário que se retome a concepção de que a formação do pensamento conceitual prevê a construção de uma nova ideia, científica, sem, no entanto, suprimir a anterior, cotidiana, que lhe serve de fundamento.

Portanto, o objetivo de todas as transcrições feitas é apontar a possibilidade de evolução do perfil conceitual da criança com Síndrome de Down e da tomada de consciência do novo conceito. Essa análise do processo de construção de conceitos precisa estar relacionada aos objetivos propostos pela docente e à intervenção pedagógica feita, devendo haver também flexibilidade e sensibilidade para apreender os indícios que se apresentam nas falas da criança com Síndrome de Down.

5.1 Mediação docente

O trabalho desenvolvido pela professora da Escola Peter Pan era, na maior parte do tempo, pautado na proposta de mediação, de fornecimento de ajuda para colaborar com a aprendizagem dos estudantes, em especial de Lily, sentando-se, em momentos diversos, ao lado dela e fazendo-lhe questionamentos, acerca dos conceitos trabalhados, que a ajudavam refletir.

O trecho abaixo relata uma aula de Ciências na qual é desenvolvida uma atividade inicial para abordagem sobre o corpo humano. A professora solicita aos estudantes que se sentem em círculo, no chão, para uma conversa na qual pretende realizar um diagnóstico dos conhecimentos prévios do grupo sobre a temática a ser trabalhada. Isso já revela uma forma de mediação, buscando os conceitos cotidianos já apropriados pelas crianças.

> Professora: – Nós encerramos a segunda unidade na qual trabalhamos com os recursos naturais: água, ar e solo. Agora vamos iniciar o trabalho com o corpo humano. O que vocês sabem sobre o corpo humano? (...alguns alunos respondem.) Vamos ouvir o que Lily sabe sobre o corpo humano.
>
> Lily: – A gente tem doenças. A polícia matou gente na rodoviária.
>
> Professora: – Agora eu quero saber sobre o seu corpo, o que você sabe?
>
> Lily: – Porque as pessoas vão para a rodoviária viajar.
>
> Professora: – Depois a gente conversa sobre a rodoviária. Fale sobre o seu corpo.
>
> Lily: – Tem o coração, limpeza...
>
> Professora: – E o que mais?
>
> Lily: – Tem mais coisa. (Trecho do Diário de Campo da Escola Peter Pan em 2006.)

Essa mediação da professora traz Lily para a discussão da temática sugerida. Em primeiro lugar, nota-se que a professora busca envolvê-la todo o tempo. Isto possibilita a efetivação da sua atenção à proposta de trabalho que estava sendo desenvolvida pelo grupo. Os colegas se colocam, mas Lily também é convocada a participar; mesmo não sendo uma participação espontânea, a professora estimula a sua voz diante dos colegas. Outra questão importante a ser ressaltada é o chamamento da professora para que Lily não se disperse em seus próprios pensamentos e participe efetivamente do trabalho com o conceito proposto. Através dessa mediação, a professora não desiste diante da aparente dispersão de Lily, mas consegue trazê-la para a discussão proposta ao grupo.

Por outro lado, Lily revela, nesse trecho, o uso do pensamento sincrético. Pode parecer que ela está falando coisas desconexas, mas na realidade, de modo inteligente, ela diz uma palavra a partir do conceito discutido com a qual relaciona outras palavras que lhe possibilitam responder, rapidamente, aos questionamentos da professora.

Outra situação de mediação foi no trabalho com as partes do corpo. A professora dividiu a turma em duplas e pediu para que um ficasse de frente para o outro e fizessem os movimentos conforme a letra de uma música que abordava as partes do corpo.

(Lily faz todos os gestos e se diverte.)

Professora: – O que vocês ouviram na música?

Robson: – Ombro, cabeça.

Lily: – Joelho, barriga.

Professora: – E como são chamados isso que a gente cantou?

Beatriz: – Partes do corpo.

Professora: – E pra que a gente precisa delas?

Beatriz: – Precisa do pé pra correr.

Robson: – Precisa da mão pra andar de bicicleta.

Lily: – Moto.

Professora: – Presta atenção, Lily, o que você estava fazendo na música?

Lily: – Não sei.

Professora: – Não sabe?

Lily: – Dançando.

Professora: – E com que você tava dançando?

Lily: – Não sei.

Paloma: – Com o corpo.

Lily: – Com o corpo.

Professora: – E em que partes do corpo você pegou?

Lily: – Não sei.

Professora: – Você sabe!

Lily: – Ô pró cansei!

Professora: – Cansou? Vocês falaram que quando estavam dançando tocaram em três partes do corpo: aqui (mostra).

Crianças: – Cabeça.

Professora: – Aqui (mostra o tronco).

Crianças: – Ombro.

Professora: – Não, aqui (mostra o tronco), esta parte.

Robson: – Barriga.

Professora: – O que a árvore tem?

Lily: – Galinha.

Robson: (rindo:) – Muito bem, Lily!

Professora: – A galinha também tem cabeça.

Robson: – Mas não tem braços, elas têm asas.

Professora: – Mas o que a árvore tem?

Paloma: – Tem tronco.

Professora: – Esse é o nome desta parte: tronco.

Paloma: – Ô pró, quem tem tronco não é árvore?

Professora – Nós também temos. (A professora anota no quadro as palavras: cabeça – tronco.) Temos também outras partes que se movimentam que se chamam membros superiores e inferiores. Quem sabe quais são os membros superiores?

Beatriz: – Mão.

Professora: – Qual a função do tronco da árvore?

Delson: – Ficar parado esperando o vento.

Professora: – Será? Por que ele fica parado?

Diogo: – Para sustentar.

Professora: – Muito bem! O nosso tronco também serve para sustentar os membros.

Lily: – Tem umbigo (levanta a blusa e mostra).

Professora: – Vamos dividir a turma em grupos de meninos e meninas. Cada grupo vai escolher um modelo.

Meninas: – Lily.

> Professora: – Vocês vão desenhar o contorno do corpo do colega e nomear as partes do corpo: cabeça, tronco e membros. (Trecho do Diário de Campo da Escola Peter Pan em agosto de 2006.)

Neste trecho descrito acima é importante ressaltar que as próprias atividades planejadas pela professora se constituem elementos de sua mediação pedagógica, pois promovem a ação na zona de desenvolvimento proximal de seus estudantes, favorecendo novas descobertas e relações com o que já conhecem, em termos de conceitos cotidianos. Essa possibilidade favorece a significação do novo conceito que está sendo trabalhado.

Mais uma vez, vale apontar as tentativas de envolvimento de Lily, pela professora, favorecendo sua participação ativa no grupo e, mesmo quando ela diz algo que parece não ter relação com a temática trabalhada, o que provocou risos de Robson, a professora aproveita a sua fala, ressaltando as possibilidades de relação com o que está em discussão e, de certo modo, evitando o menosprezo ou a ridicularização de sua fala.

Em relação aos conceitos trabalhados, observa-se que as crianças não reconhecem a terminologia "tronco" como parte do corpo humano, mas a professora utiliza-se, mais uma vez, de analogia ao tronco da árvore para trabalhar esse conceito, buscando esclarecer, através dessa analogia, a função de sustentação do tronco no corpo humano. Essa analogia foi facilmente percebida pelas outras crianças, mas com Lily não aconteceu o mesmo, revelando mais uma vez, a sua dificuldade em transpor os conceitos de uma situação para outra, isso demonstra também dificuldade na generalização, importante processo psíquico para a formação do pensamento conceitual.

Em outros momentos, no trabalho com conceitos, a professora utiliza-se de softwares com jogos educativos nas aulas de informática para, em seguida, trabalhar o conceito. Isso aconteceu com o conceito de esqueleto.

> Professora: – O que vocês viram na aula de informática?
>
> Lily: – O corpo.
>
> Professora: – O que tem no corpo?
>
> Lily: – Cabeça, braço, os ossos da perna.
>
> Saly: – (Vibrando com o relato da colega) Ê Lily!

Lily: – Os ossos do braço, o olho, o pulmão.

Professora: – Tem mais alguma coisa?

Lily: – Barriga.

Professora: – E o que tem na barriga?

Lily: – O testino.

Saly (Gracejando:) – Lily fala testino.

Professora: – Os intestinos. O que mais?

Lily: – O coração.

Professora: – E o coração fica na barriga?

Lily: – Não, no peito.

[...] Professora – Muito bem! [...] Será que agora vocês conseguiriam desenhar um esqueleto? [...] Meninos contra meninas. Quem conseguir chegar mais perto ganha um prêmio! [...] E devem colocar o nome das partes que vocês lembram.

(As meninas iniciam o desenho e Lily só observa. Depois levanta para conversar.)

Professora: – E Lily vai ficar só olhando?

Saly: – Vai, Lica, dê uma opinião.

Lily: – Catarina não deixa não. (Catarina é hábil no desenho, e as outras meninas aproveitam essa habilidade e deixam-na desenhar o esqueleto, porém participam e opinam, mas Lily permanece sentada.) (Trecho do Diário de Campo da Escola Peter Pan em setembro de 2006.)

Observa-se nessa atividade que houve, por parte da professora, uma utilização de recursos materiais variados, porém isso não significa mediação na ZDP de todos ao mesmo tempo. Lily acaba listando verbalmente alguns órgãos do corpo vistos na aula de informática, mas não demonstra apropriação de qualquer conceito, nem estabelece elos entre as palavras listadas, até porque a professora não se utiliza da linguagem oral para expressar o significado de esqueleto, conceito que queria trabalhar, formando uma rede semântica. Na atividade sugerida, o desenho objetivava averiguar a representação do conceito de esqueleto formada pelas crianças, porém diante das habilidades da colega Catarina, Lily se recusa a participar da atividade, não conseguindo atender aos objetivos da professora naquele momento.

Percebe-se também, em todo o processo da pesquisa, que uma grande dificuldade apresentada pela docente é propor atividades escritas que consigam ser desafiadoras para Lily no sentido da construção conceitual. Algumas atividades propunham descobrir qual a palavra desembaralhando as letras, outras propunham a busca de vocábulos entre letras soltas (caça-palavras), outras ainda solicitavam o complemento de lacunas, outras traziam questões diretamente relacionadas a textos (envolvendo a compreensão leitora e não a formação de conceitos). Outras vezes, o texto escolhido não trazia explicitamente o conceito trabalhado, como no caso do conceito de reprodução humana, onde o texto aborda a situação de uma menina que viu uma cena de namoro na televisão e pergunta para sua mãe como esta havia conhecido seu pai. Em nenhum momento do texto o conceito de reprodução humana é discutido. Em outras atividades, os conceitos são trabalhados como vocábulos, com significados dicionarizados, sem que se faça uma rede semântica entre os mesmos. Por exemplo: "O conjunto de órgãos do nosso corpo chama-se esqueleto" ou "O encontro de dois ossos é chamado articulação".

Porém, apesar de não propor atividades ou textos favorecedores de um processo de formação conceitual de modo dinâmico e inter-relacionado, a professora buscava, no início de cada aula, superar essa fragmentação dos conceitos, fazendo questionamentos que buscavam integrar o que já havia sido estudado.

Na transcrição de aula a seguir, a professora havia pedido, anteriormente, às crianças que trouxessem alimentos, frutas e legumes, e gravuras de alimentos.

> Professora: – O que será que nós vamos estudar agora?
>
> (Alguns alunos respondem as questões propostas pela professora sobre a importância da alimentação.)
>
> Professora: – Lily, você sabe por que é importante você se alimentar?
>
> Lily: – Sei. Paladar.
>
> Professora: – Você consegue se alimentar através do paladar... E por que é importante você comer tudo isso aqui?
>
> Lily (Abaixa a cabeça e começa a apontar e nomear os alimentos:) Cenoura, batata, maçã... Hambúrguer...

Professora: – Só? E você precisa desses alimentos, Lily?

Lily: – Precisa desses dois. (Mostra o macarrão e o pimentão que estão mais próximos dela.)

Professora: – E se você não comesse, você poderia andar e estudar?

Lily: (Assustada:) – Não.

Professora: – Ficava muito forte ou muito fraca?

Lily: – Muito fraca.

Professora: – Nós começamos primeiro a falar sobre o corpo humano, aí nós vimos que ele passa por várias transformações, ele tem um processo de crescimento e para tudo isso é necessário a alimentação. Então a alimentação tem um papel importante. (Trecho de filmagem de aula da Escola Peter Pan em outubro de 2006.)

Nesse trecho transcrito é possível observar que Lily não superou a forma de pensamento prático, apresentando um modo de pensar relacionado com a experiência, com a realidade concreta imediata, porém demonstra fazer relação entre um dos órgãos do sentido discutidos em aulas anteriores, o paladar, e a alimentação.

Essas respostas que ora se aproximam de um pensamento conceitual mais elaborado e dinamicamente relacionado a outros conceitos, ora se distanciam dele recorrendo à experiência pessoal, indicam que o desenvolvimento do pensamento conceitual não é linear, ele avança e retrocede, pois não está preso a etapas que se sucedem.

Observa-se, também, que na discussão no grande grupo Lily apresenta mais dificuldade de participar, o que pode ser explicado pelo seu processo de tempo necessário para organização de suas ideias. Como seus colegas apresentam mais "rapidez" na estruturação e verbalização do pensamento, as suas vozes predominam e Lily acaba por apenas acompanhar a discussão do grupo, necessitando ser envolvida pela docente. Por isso, a mediação ou cooperação mais individualizada se mostra mais eficaz às crianças com Síndrome de Down, pois se constitui num trabalho que "respeita" seu tempo de aprender e responder às demandas do contexto.

No entanto, isso não significa a proposição da individualização do ensino, no sentido de exclusão desses sujeitos que requerem um tempo diferenciado dos processos dialógicos grupais, mas a compreensão de que, nos momentos de discussão num grupo mais ampliado, o professor precisa estar atento para promover o envolvimento desses sujeitos, mediando-os na organização da linguagem e do pensamento.

Desse modo, o professor mediador precisa atentar-se de que, para uma parte da classe, um nível de ajuda apenas será suficiente para promover a internalização do conceito trabalhado, enquanto para outros aprendentes serão necessárias outras formas de intervenção ou níveis de ajuda até que o sujeito internalize a ajuda e possa desenvolver a mesma atividade sem nenhum tipo de ajuda.

Talvez por perceber que o processo de formação conceitual implica a reorganização dos processos mentais, que alteram e reestruturam a atividade mental, dando margem para a formação de novos sistemas de pensamento, a professora, por vezes, não demonstra acreditar no potencial de conceituação de Lily, deixando-a com atividades que não a desafiam cognitivamente ou desenvolvendo trabalhos considerados "mais simples", ajudando outros colegas. Isso pode ser observado no trecho abaixo quando os estudantes foram desafiados a construir a pirâmide de alimentação saudável, utilizando-se de gravuras.

> Professora: – É para fazer a pirâmide assim (mostra o modelo). Na primeira [parte] é para colar os óleos e as gorduras. Os açúcares também.
>
> Saly: – Os óleos eu fico.
>
> [...]
>
> Paloma: – Ô pró, eu sou tudo o que tiver de frutas e verduras, viu?
>
> Professora: – É frutas e verduras. Lily ajuda. Frutas e verduras é com as meninas.
>
> [...] (Lily fica olhando o trabalho dos colegas com o dedo na boca).
>
> Lily: E a minha?
>
> Professora: Aqui ó (entrega um encarte), você vai pesquisar somente frutas e verduras. Você vai recortar e colocar aqui.
>
> Lily: – Pró pode ser todynho?
>
> Professora: – Todynho não.

> Lily: (Manuseando o encarte:) – Pró, não tem nada de fruta. Pode ser pipoca?
>
> Professora: – Pipoca? E pipoca é fruta?
>
> Lily: – Não. [...] Biscoito.
>
> Professora: – Biscoito é com você, Lily?
>
> Lily: – É.
>
> Professora: – Você vai ficar com quê?
>
> Lily: – Frutas.
>
> Professora: – Biscoito é com Saly. Você pode recortar e dar pra Saly.
>
> Lily: – Saly, quer biscoito?
>
> Saly: – Quero. (Trecho da filmagem de aula da Escola Peter Pan em outubro de 2006.)

Em outros momentos, percebe-se um grande investimento da professora que buscava favorecer para Lily a percepção de agrupamentos, categorizações e classificação. O trecho a seguir demonstra um desses momentos. Nessa aula, a professora está trabalhando com a categoria de animais e solicita que, em duplas, os estudantes elaborem um cartaz com o registro do que eles já sabem sobre animais. Lily fica com Beatriz para desenvolver o trabalho.

> Professora: – Vocês podem dividir a cartolina em duas partes. (A professora escreve no quadro o título: Animais. Ela divide o quadro em duas partes: o que eu já sei e o que eu quero saber.)
>
> Beatriz: (Copia na cartolina conforme a professora fez no quadro.)
>
> Lily: (Olha e acompanha o que Beatriz está fazendo e boceja, organiza seu material, apoia a cabeça no braço.)
>
> Professora: – Eu quero ver quem vai fazer o melhor trabalho.
>
> Beatriz: (Continua escrevendo na cartolina, mas não situa Lily do que está fazendo. Após ter organizado a cartolina pergunta:) – O que você já sabe sobre os animais? [...]
>
> Lily: – Um bocado de coisa. [...] Edir tem um cachorro enorme.

Beatriz: – Que mais?

Lily: – Tem gato também.

Professora: – Então você sabe que os animais são de espécies diferentes? (A pró orienta a escrita de Beatriz na cartolina.) [...] O que vocês estavam falando aqui?

Beatriz: (Com um discreto sorriso:) – Lily disse que tem um cachorrão grandão.

Professora: – Ah, então existem animais grandes e pequenos também, né?...

Lily: (Fazendo gesto:) – Grande, pequeno...

Professora: – E eles têm vida ou não têm vida?

Beatriz: – Têm vida.

Professora: – E você já sabia disso, Lily, que os animais têm vida?

Lily: – Não. (Trecho da filmagem de aula da Escola Peter Pan em outubro de 2006.)

Observa-se que a professora sistematiza as falas de Lily que se apresentam com predominância do pensamento prático e com dificuldade de abstrair da experiência. A professora estabelece categorias que organizam o seu pensamento.

No trecho a seguir, a professora busca interagir com Lily a fim de criar ZDP e, assim, proporcionar a internalização dos conceitos trabalhados. As respostas de Lily estimulavam a formulação de outras questões pela professora que visava à produção de outras respostas, de modo a dar visibilidade ao seu modo próprio de pensar, buscando chamar sua atenção para aspectos essenciais e levá-la aos processos de classificação e generalização, necessários à formação do conceito.

Professora: – Se nós fôssemos classificar esses animais em vertebrados e invertebrados, eles seriam o quê?

Saly: – Vertebrados.

Professora: – E por que eles seriam vertebrados, você sabe? Lily?

Lily: (Acena negativamente com a cabeça.)

Crianças: – Eles têm ossos.

Professora: – Eles têm o quê?

Lily: – Ossos.

[...]

Professora: – O mico-leão seria o quê?

Saly: – Mamífero.

Professora: – E a onça pintada, Lily?

Lily: – Aqui (apontando a gravura).

Professora: – Seria o quê?

Lily: – Tem ossos, tem barriga, tem rabo, tem... pernas e não voa. [...] Só faz andar.

Professora: – E ele é um mamífero?

Lily: – É mamífero.

Professora: – E aqui a arara?

Lily: – A arara azul fica na árvores... E a arara azul é assim... (Fica olhando a gravura.) A arara azul é assim... É bonito.

Professora: – Ela é igual à onça?

Lily: – Não.

Professora: – No lugar das patas ela tem o quê?

Lily: – Ela vua.

Professora: – Ela voa. Muito bem! Será que ela come carne, Lily?

Lily: – Não.

Professora: – E a onça come?

Lily: – Come. Capim.

Crianças: (Risos).

Lily: – Olhe aqui ó (Dirigindo-se à turma). Aqui é o macaco leão dourado. Ele é assim... É um mamífero. Ele tem barriguinha, uma perna, tem um braço, tem pernas, tem ossos.

Professora: – Tem ossos. Então, ele é o quê? Verte...

Lily: – Ral.

Robson: – Verteral... essa é boa!!! (Rindo)

Saly: – Se fosse ele, ele não ia gostar pró.

Lily: – Assim... o macaco leão dourado o ossinho é preto.

Professora: – Ele mama?

Lily: – Não!

Professora: – Ele mama, gente?

Crianças: – Mama.

Paloma: – Como é um mamífero e não mama? Huuuu.

Professora: – E como é a gestação dele?

Paloma: – Na barriga.

Lily: – Agora o tamanduá: ele tem rosto preto, uma perna, um braço e um bico.

Delson: – Uma tromba.

Lily: – É um bico... Aqui (lê) A-li-men-ta-ção. Alimentação. For-mi-ga. Formiga. (Trecho da filmagem de aula na Escola Peter Pan em novembro de 2006.)

Mortimer (2006: 367) sugere que o ensino de conceitos na área de Ciências resulte de um "diálogo entre os discursos científico e cotidiano, no qual novos significados são tanto construídos como transmitidos". Isso implica que a escola trabalhe o conhecimento científico não como uma univocidade com superioridade da voz científica determinando os discursos do aprendente, mas reconhecendo que as aulas de Ciências devem ser constituídas como um espaço caracterizado por uma multiplicidade de vozes que refletem a existência de perfis conceituais diferentes, mas que se complementam.

Vê-se nos episódios transcritos e nas demais observações feitas que, dentre os indicadores levantados na introdução, para análise da categoria mediação docente, o que é utilizado, mais frequentemente, pela professora na Escola Peter Pan é a iniciação do trabalho com conceitos científicos, partindo dos conceitos cotidianos.

5.2 Cooperação dos colegas

O processo de trabalho em grupos é uma postura garantida pela prática desenvolvida pela professora da Escola Peter Pan. Ela é quem favorece trabalhos em pequenos grupos e, mesmo quando Lily não é escolhida, ou até mesmo é rejeitada para trabalhar num determinado grupo, a docente diz como ficará a composição e a turma respeita sua palavra.

No relato a seguir há um trecho que aponta esse processo no grupo. A professora afirma que irá trabalhar com dois grupos na sala.

> Professora: – Eu vou querer Beatriz, Robson e Catarina.
>
> Paloma: (Falando para Delson e demonstrando insatisfação:) – Lily vai ficar com a gente!
>
> Delson: – Pró deixa Beatriz com a gente e Lily com eles.
>
> Professora: (Não dá atenção ao pedido.) – Vamos começar? Um grupo fica aqui (aponta a frente da sala) e outro se senta nas mesinhas. (Trecho do Diário de Campo da Escola Peter Pan em outubro de 2006.)

Outra situação é a descrita a seguir durante o trabalho com softwares na sala de informática. Nessa sala havia quatro computadores e a proposta da professora era que as crianças se assentassem em duplas.

> As duplas se formam e os meninos ficam em trio. Lily se assenta sozinha em um computador e convida a pesquisadora para ajudá-la. [...]. A professora se aproxima e interage com Lily. (Trecho do Diário de Campo da Escola Peter Pan em outubro de 2006.)

Diante dos relatos acima é possível perceber que, nesses momentos da relação entre pares, há sintomas de rejeição que aparecem mesmo num espaço inclusivo, no qual a atitude da professora é pautada no acolhimento. Isso demonstra os efeitos da influência dos sintomas reacionais de rejeição do meio social mais amplo. Essa rejeição é uma tentativa explícita de estabelecimento de "diferenciação explicada por uma tendência natural e social que leva a distinguir o si do resto [...] [assim,] aquilo que não sou eu ou os meus é construído numa negatividade concreta" (JODELET, 2005: 35). Isso quer dizer que o diferente, assim que é detectado no grupo, passa a ser olhado sob o ponto de vista dos seus limites sendo, portanto, considerado como "difícil" para o trabalho coletivo.

Desse modo, o trabalho em grupo não se constitui num trabalho cooperativo, tendo em vista que se pauta numa certa tolerância à diferença e que esta não é bem aceita, ainda que isso não se dê no plano da consciência do grupo. Ao se pensar em termos de tolerância, mantém-se o pensamento normativo disseminado pela sociedade ao longo dos séculos, no qual se aceita a coexistência, porém não se compartilha a ideia de que a diferença é a norma.

Apesar da detecção dessa sutil forma de "exclusão", é preciso lembrar que, na proposta de inclusão, os benefícios são considerados uma via de mão dupla; isto significa que não apenas Lily está sendo beneficiada no convívio com seus pares, que são diferentes dela, mas que esses também estão aprendendo a conviver com as diferenças e que por trás desse processo de aprendizado está a importante figura do professor, que media os estudantes de forma a favorecer não apenas os aspectos cognitivos, mas também os relacionais e afetivos.

A partir das constantes intervenções da professora nesse sentido, em outra situação na sala de informática as crianças são colocadas em trios. "Lily demonstra dificuldade no uso do mouse e Beatriz a ajuda". (Trecho do Diário de Campo da Escola Peter Pan em agosto de 2006.)

Em várias situações Lily também coopera com os colegas principalmente quando se trata de questões de desentendimento entre eles. Numa determinada situação, Paloma se desentende com Saly e chora.

> Lily: – Não chore não, Paloma! Vem ficar comigo.
>
> (Lily parece perder o interesse na atividade diante da preocupação com a colega. Quando a professora chega ela diz:) – Próó, isso é muito ruim. (Trecho do Diário de Campo da Escola Peter Pan em agosto de 2006.)

Uma característica marcante em Lily é o afeto. Quando chega à sala, ela costuma dar beijo nos colegas e não gosta de ver nenhum colega brigando ou chorando. Porém, em situações de atividade do grupo, os colegas que demonstram mais agilidade de raciocínio, maior habilidade na escrita ou mais destreza em artes ou desenho dominam as respostas e, geralmente, assumem as tarefas, enquanto Lily observa ou repete. A forma com que interagem com ela é mais no sentido de fazer por ela, ou ajudá-la a fazer, do que cooperar para que ela consiga responder autonomamente.

> Professora: Eu quero pedir a Pró Susana, Robson e Lily que fiquem em pé. Qual a diferença entre eles?
>
> [...] (Alguns estudantes colocam suas percepções.)
>
> Diogo: Eu vi que eles pareciam uma família. Lily é a mais baixinha.
>
> Professora: – Por que há essa transformação?
>
> Diogo: – Porque a gente vai crescendo.

> Catarina: – Lily é criança, Robson é adolescente e Pró Susana é adulta.
>
> Professora: – Muito bem, Catarina! Agora Lily vai falar!
>
> Lily: – Ô meu Deus!
>
> Professora: – Será que você também vai crescer, Lily?
>
> Lily: – Eu acho que sim. Eu era pequenininha assim (fica de cócoras), anã... Aí fui baixando (se levanta devagar enquanto fala), baixando, baixando...
>
> Professora: – Baixando ou crescendo? Lily, eu quero saber se você vai ficar criança a vida toda.
>
> Lily: – Acho que sim.
>
> Saly: – Próó, tem uma Síndrome de Down na padaria perto de lá de casa que é velha.
>
> Paloma: – Eu conheço uma Síndrome de Down que é do tamanho de Robson.
>
> (Lily sorri.) (Trecho do Diário de Campo da Escola Peter Pan em agosto de 2006.)

Observa-se nessa situação que os colegas de Lily apreenderam o conceito de fases da vida trabalhado pela professora, porém não agiram cooperativamente, de forma a criar ZDP para que Lily perceba as fases do desenvolvimento humano.

Na situação transcrita a seguir a turma está dividida em duplas e a professora entrega uma tarefa para ser respondida. Apesar das duplas, todos os estudantes recebem individualmente as suas folhas com a atividade. A parceira de Lily é Saly.

> Professora: – Robson e Beatriz, o que vocês já sabem sobre o corpo humano?
>
> Robson: – O corpo humano é muito importante para as pessoas e tem as partes.
>
> Beatriz: – Nós precisamos dos ossos.
>
> Professora: – Saly e Lily.
>
> Saly: – Os ossos sustentam a gente e tem os membros superiores e inferiores.
>
> Lily: – Pulmão, tem o coração também, o peito, um bocado...

[...]

Professora: – Agora nós vamos fazer essa atividade (mostra). O que vamos ter que observar? As trocas das vogais para poder responder. Tentem desembaralhar essas palavras para depois responder embaixo.

(Durante o tempo do exercício a professora media a tarefa de Lily e passa também pelas outras duplas fazendo intervenções. Saly confere suas respostas com as de Lily, não há um trabalho cooperativo. Após conferir ela apaga algumas respostas dadas por Lily e orienta sua escrita.)

Saly: – C̲, r̲, a̲ agora você coloca o chapeuzinho aqui (mostra o a̲) e depois n̲, i̲, o̲. Agora o a̲, b̲, o̲...

Pesquisadora: – Então é a̲, b̲, o̲?

Saly: – Esqueci. (Corrige o seu e apaga a escrita de Lily.) É assim (começa a dizer as letras para escrita da palavra abdômen): a̲, b̲, d̲. O d̲ é uma Bolinha e sobe um tracinho assim (faz na folha).

Lily: (Escreve e pede:) – Peraê.

Saly: – O̲, faz o chapeuzinho (referindo-se ao acento circunflexo), m̲, e̲, n̲. Agora t̲.

Lily: – De tatu?

Saly: – É de tatu. O̲, agora faz um tracinho assim (mostra um acento agudo). Agora r̲, a̲, x̲. P̲, e̲, s̲, c̲, o̲ ...

Professora: – Saly, não precisa falar letra por letra porque Lily sabe escrever.

Saly: – Então, Lily, pescoço, c̲ e o̲. (Trecho do Diário de Campo da Escola Peter Pan em agosto de 2006.)

A forma como Saly age com Lily torna aparente o que pensa sobre o seu processo de aprendizagem. É como se Lily, em sua concepção, não tivesse condições de aprender como os demais colegas da classe e ainda estivesse sendo alfabetizada. Isso aponta indícios de como a turma a percebe e, talvez por isso, não a aceitam tão espontaneamente em seus grupos, por não considerarem sua capacidade.

De acordo com Vygotsky e Luria (1996), a visão que se tem sobre a criança com deficiência mental é de alguém que possui um repertório psicológico deficiente, que não possui memória necessária ou capacidade de percepção e inteligência adequada.

Diante do exposto e tomando como base os indicadores para a categoria cooperação entre pares na introdução, observa-se que, na escola P, a cooperação entre pares não é utilizada como parte do processo de formação de conceitos pela aluna com Síndrome de Down.

5.3 Apropriação do conceito

Conforme dito na introdução deste capítulo, a análise microgenética da formação de conceitos por Lily já foi iniciada, de modo transversal, nas discussões das categorias anteriores. Portanto, o que se analisa a partir daqui são momentos de interação da pesquisadora com a criança com Síndrome de Down em momentos de sala de aula, recreio ou de mediação com uso de instrumento de conceituação, descrito na introdução.

Em algumas situações vividas em momentos de conversa informal, observa-se que Lily tem uma forma especial de fugir à reflexão proposta. De acordo com Bissoto (2005), as pessoas com Síndrome de Down apresentam estratégias de "fuga" quando confrontadas com aprendizagens novas ou solicitações cognitivas mais complexas. Essas "estratégias" acabam por interferir na externalização dos processos mentais utilizados na formação do conceito, o que de certo modo dificulta a análise microgenética de tais processos.

> Pesquisadora: – Quando falo corpo humano você lembra de quê?
>
> Lily: – A barriga nasce...
>
> Pesquisadora: – Quem nasce da barriga?
>
> Lily: – Ah, sei não. [...] Você, Robson...
>
> Pesquisadora: – E você?
>
> Lily: – Ah, sei não.
>
> Pesquisadora: – Já vi que você não quer conversar comigo sobre isso.
>
> (Lily sorriu.) (Trecho do Diário de Campo da Escola Peter Pan em agosto de 2006.)

Observa-se que apesar de ter internalizado que bebês humanos nascem da barriga da mãe, ela demonstra desinteresse na conversa e deixa claro que não quer ampliar discussões que a levem a uma reflexão no momento do recreio. Porém, percebe-se também que funções intelectuais, como a memória, não são impossibilitadas em crianças com Síndrome de Down, no entanto precisam ser mediadas para serem ampliadas para uma memória de longa duração.

Para Vygotsky e Luria (1996), a memória natural dessas crianças é muitas vezes acima da média, mas a memória artificial, isto é, aquela que é evocada a partir de dispositivos artificiais e que, portanto, amplia muitas vezes a memória natural, é quase zero. Para esses autores, isto aponta para o fato de que "uma criança retardada[1] pode ser dotada dos mesmos talentos naturais de uma criança normal, mas não sabe como utilizá-los racionalmente" (p. 228). Desse modo, para Vygotsky e Luria a deficiência mental não é só um fenômeno de "deficiência natural", mas um fenômeno de "deficiência cultural", pois a criança com déficit intelectual não sabe usar as ferramentas de sua cultura e prefere empregar seus próprios esforços. A diferença entre ela e a criança sem deficiência está na capacidade desigual de usar culturalmente a própria memória.

Essa visão vygotskyana de deficiência mental traz uma modificação na forma de analisar a internalização de conceitos por esses sujeitos, pois ao tempo em que a internalização pressupõe a reconstrução interna de processos aprendidos com o outro, a evocação desses conceitos pressupõe a formação de uma memória. Sendo assim, não basta caracterizar os sujeitos com deficiência mental, mais especificamente os sujeitos com Síndrome de Down, de ter uma memória limitada, numa abordagem organicista, mas é necessário ajudá-los a ampliar a memória natural, utilizando-se dos dispositivos artificiais. Isto ampliará também a possibilidade de retenção dos conceitos trabalhados e internalizados.

> Recursos de treinamento da memória também foram utilizados por Buckley e colaboradores (1993) como forma de intervir na defasagem da memória auditiva de curto-prazo, com resultados bastante positivos. Esse treinamento envolveu técnicas de rememoração da informação prévia, enquanto a nova informação estava sendo transmitida, e de categorização das informações

---

1. Este é o termo utilizado no original pelo autor.

de forma a facilitar a recuperação dessas (BISSOTO, 2005: 86).

Assim, incluindo uma criança com Síndrome de Down numa escola regular, é possível se enfrentar com êxito o seu retardo mental, não como um fato biológico, mas como um fenômeno que pode ser mediado culturalmente. Muitas vezes, o que se considera talento inato é, na verdade, o resultado de "emprego racional de dispositivos culturais e de considerável capacidade de maximizar o uso dos recursos naturais da pessoa" (VYGOTSKY & LURIA, 1996: 234).

Esses dispositivos culturais capazes de potencializar as funções psíquicas das crianças com Síndrome de Down podem ser ferramentas, ou seja, instrumentos externos, ou signos como, por exemplo, a linguagem. Neste trabalho, tais ferramentas foram utilizadas a partir da mediação feita pela pesquisadora com uso do instrumento de conceituação (explicado na introdução) que constou de três momentos distintos compreendendo os conceitos relacionados ao corpo humano, alimentos e animais. Conforme dito anteriormente, cada momento de mediação durava, aproximadamente, cinquenta minutos. Todas as questões desse instrumento abordavam conceitos trabalhados em sala de aula, sendo que corpo humano e alimentação saudável foram trabalhados no terceiro bimestre letivo e animais trabalhados no último bimestre letivo.

O momento de uso de instrumento de conceituação sobre o corpo humano (Apêndice A) constou dos seguintes conceitos: partes do corpo, esqueleto, órgãos do sentido, fases da vida e reprodução humana. No instrumento utilizado, no item identificação de absurdos, Lily conseguiu localizar 60% dos erros, sendo capaz de justificar 50% deles, demonstrando dificuldade com os conceitos de esqueleto e de reprodução humana, especificamente como acontece a gravidez. É importante lembrar que o texto sobre reprodução humana trabalhado em sala de aula foi considerado, na análise da mediação docente feita no início deste capítulo, como insuficiente e superficial na abordagem do conceito.

> Pesquisadora: – Eu vou dizer umas frases erradas e você vai ter que dizer onde está o erro naquilo que eu falar. Por exemplo: O adulto é grande (fazendo o gesto), depois vira criança.
>
> Lily: (Passa um tempo, em silêncio, olhando para baixo.)

Pesquisadora: – Quer que fale de novo?

Lily: – Peraí. (Passa outro tempo em silêncio, levanta a cabeça e diz:) – Pequenininho.

Pesquisadora: – Pequeninho, e depois?

Lily: – Pequeno e grande.

Pesquisadora: – Outra frase: O corpo humano é formado por cabeça (mostra), tronco (mostra) e rodas (abre as mãos).

Lily: (Abaixa a cabeça:) – Tronco.

Pesquisadora: – Tronco e o que mais?

Lily: – Tronco e cabeça, só.

Pesquisadora: – Agora outra frase: A mamãe come o bebê e por isso ele fica na barriga dela.

Lily: (Abaixa a cabeça e prende os lábios:) – Na barriga.

Pesquisadora: – E como o bebê fica na barriga?

Lily: – Come tudo.

Pesquisadora: – A mamãe come o bebê?

Lily: – Não.

Pesquisadora: – E como é que ele fica na barriga?

Lily: (Silêncio, prende os lábios:) – Pode ser.

Pesquisadora: – Pode ser que coma?

Lily: (Acena afirmativamente com a cabeça.)

Pesquisadora: – Tem outro jeito de o bebê entrar na barriga dela?

Lily: – Não. (Trecho da filmagem da aplicação do instrumento de conceituação na Escola Peter Pan em setembro de 2006.)

Observa-se que, nas duas questões iniciais, há uma estruturação da resposta quando feita a solicitação para explicá-la. Para Vygotsky e seus colaboradores, isso é resultado da "influência reestruturadora da fala externa" (VAN DER VERR & VALSINER, 2001: 295).

Na terceira questão, sobre o processo de gravidez, vê-se a utilização de um conceito cotidiano, o de que a criança fica na barriga da mãe, mas a dificuldade para explicar sua resposta por falta de consciência do conceito de reprodução humana. "A criança escolhe as palavras e conceitos certos, mas ainda não pode refletir sobre as escolhas feitas" (VAN DER VERR & VALSINER, 2001: 302).

No item do instrumento que aborda a identificação de partes do corpo e funções, Lily demonstrou apropriação do conceito de órgãos do sentido, sendo capaz de dar uma resposta lógica à pergunta. Isso representa 10% de acerto. Às demais questões ela respondeu dizendo: "Não sei".

> Pesquisadora: – [...] Quais são os membros superiores?
>
> Lily: (Abaixa a cabeça:) – Membros.
>
> Pesquisadora: – Os superiores, quais são?
>
> Lily: – Membros.
>
> Pesquisadora: – A gente tem cabeça, tronco e membros.
>
> Lily: – É.
>
> Pesquisadora: – Quais são os membros superiores?
>
> Lily: – Tronco.
>
> Pesquisadora: – Tronco? E os membros superiores, quais são?
>
> Lily: – O tronco é aqui (mostra o peito) e a cabeça (mostrando) só.
>
> Pesquisadora: – E os membros superiores, quais são?
>
> Lily: – Não sei.
>
> Pesquisadora: – Qual é a função do paladar? Pra que serve o paladar?
>
> Lily: (Abaixa a cabeça:) – Comer. (Trecho da filmagem da aplicação do instrumento de conceituação na Escola Peter Pan em setembro de 2006.)

Observa-se, neste trecho, que Lily apresenta indícios de coerência empírica e concreta nas respostas, com dificuldade para formular verbalmente o conceito de modo consciente. Inicialmente, ela se utiliza da imitação ou repetição dos vocábulos, mas posteriormente consegue acionar situações concretas apontando o tronco e a cabeça e afirmando que o paladar serve para comer. Porém, é importante que se diga que esse fato se relaciona, em primeira instância, ao momento do seu desenvolvimento, e não a dificuldades específicas da Síndrome de Down.

Devido ao seu período de desenvolvimento ontogenético, Lily parece apresentar dificuldades na habilidade de armazenar e recordar os conceitos trabalhados, por isso não consegue trazê-los à mente verbalmente.

No trecho a seguir, Lily demonstra a utilização de pensamento por complexos com relações concretas baseadas na experiência e não em lógica abstrata.

Pesquisadora: – Qual a diferença entre meninos e meninas?

Lily: (Olha para os lados:) – Meninos.

Pesquisadora: – Menino tem o quê?

Lily: – Não sei.

Pesquisadora: – E menina?

Lily: – Também. São dois: (contando nos dedos) meninos e meninas.

Pesquisadora: – Como é que você sabe quem é menino e quem é menina?

Lily: – Não sei.

Pesquisadora: – Robson é o quê?

Lily: – Homem.

Pesquisadora: – Por que ele é homem?

Lily: – Não sei. Porque ele é.

Pesquisadora: – Mas como é que você sabe que ele é homem?

Lily: – Assim... O menino, uma vez só. A menina, uma vez só também.

Pesquisadora: – Catarina é o quê?

Lily: – Menina.

Pesquisadora: – Por que ela é menina?

Lily: – Porque ela é mulher.

Pesquisadora: – E por que ela é mulher?

Lily: – Não sei.

Pesquisadora: – Qual é a diferença do homem e da mulher?

Lily: – Assim... Catarina, Robson, Diogo e Delson. Só. Quatro.

Pesquisadora: – E Robson, Diogo e Delson são o quê? Homens ou mulheres?

Lily: – Homens.

Pesquisadora: – Por quê?

Lily: – Porque sim. (Trecho da filmagem da aplicação do instrumento de conceituação na Escola Peter Pan em setembro de 2006.).

É possível observar que Lily consegue identificar seus colegas como sendo do sexo masculino ou feminino, porém não consegue explicar verbalmente a diferença entre meninos e meninas. Isso revela sua lógica concreta, baseada nas vivências, o que dificulta a abstração para a formação do conceito.

No aspecto relacionado à definição de palavras, Lily consegue usar significantes de palavras relacionadas (audição = ouvir) e gestos (tronco = aponta o peito). Isso representou 20% de acerto.

Pesquisadora: – Vou falar umas palavras e eu quero que você me diga ou então faça gestos para dizer o que é. O que é gestação?

Lily: (Coloca a mão na boca e olha para o lado:) – Não sei.

Pesquisadora: – Então, o que é audição?

Lily: – Audição, paladar e só. Os dois (mostrando os dedos).

Pesquisadora: – E pra que serve a audição?

Lily: – Não sei.

Pesquisadora: – Audição...

Lily: – Audição e paladar.

Pesquisadora: – Pra que serve a audição? Pra gente fazer o quê?

Lily: – Não sei.

Pesquisadora: – Sabe, você explicou outro dia na sala para os meninos... A audição é para...

Lily: – Ouvir.

Pesquisadora: – Ouvir. Muito bem!!! O que é articulação?

Lily: – Não sei.

> Pesquisadora: – A articulação faz o quê?
>
> Lily: – Músculos.
>
> Pesquisadora: – Músculos?
>
> Lily: – E zossos.
>
> Pesquisadora: – E o que é infância?
>
> Lily: – Não sei.
>
> [...]
>
> Pesquisadora: – Na infância a gente é grande ou é pequeno?
>
> Lily: – Grande.
>
> Pesquisadora: – O que é o tronco?
>
> Lily: – Tronco (mostra o peito), cabeça (mostra a cabeça) e... tronco, cabeça e... e os ossos. (Trecho da filmagem da aplicação do instrumento de conceituação na Escola Peter Pan em setembro de 2006.)

É possível perceber que há uma coerência lógica, absolutamente empírica e concreta nas respostas de Lily, o que demonstra possibilidades de crescimento e desenvolvimento do próprio conceito, apesar de não haver elementos que lhe permitam formular verbalmente o conceito de modo consciente. Para Vygotsky (2001: 525), "a criança já conhece uma determinada coisa, já tem um conceito, mas ainda tem dificuldade de dizer o que representa esse conceito na sua totalidade, no âmbito geral".

O item organização sintático-semântica foi o que Lily apresentou a maior dificuldade, não conseguindo reunir significativamente as palavras, de modo a formar frases. Algumas palavras ela tentava associar a outras relacionadas, por exemplo, "tato/pele" e "esqueleto/ossos". Nesse momento, ela consegue demonstrar a superação da dificuldade que demonstrou no primeiro item com relação ao conceito de esqueleto. De acordo com Bizzo (2002: 15) "[...] as crianças têm ideias lógicas e coerentes, e [...] elas podem modificar essas ideias contando com contribuições da cultura acumulada pela humanidade[...]".

> Pesquisadora: – Agora, eu vou lhe dizer três palavras e você vai formar uma frase, uma historinha com essas três palavras. [...] Adulto, adolescente e criança.
>
> Lily: – É... Criança.

[...]

Pesquisadora: – Depois [...] que a gente é criança a gente vira o quê?

Lily: (Abaixa a cabeça:) – É assim: criança, mulher, o homem, só.

Pesquisadora: – Agora, as palavras são: Membros, tronco e cabeça.

Lily: – Nembros.

Pesquisadora: – Membros, tronco e cabeça.

Lily: – Cabeça, só.

Pesquisadora: – Cabeça e depois?

Lily: – Só isso.

Pesquisadora: – O que é isso: membros, tronco e cabeça?

Lily: (Apontando corretamente para as partes do corpo:) – Tronco, cabeça e nembros. Só.

Pesquisadora: – Formam o quê?

Lily: – Não sei não.

Pesquisadora: – O que é isso aqui? (mostra para o corpo todo).

Lily: – Cabeça, tronco (apontando) e nembros, só.

Pesquisadora: – Ok. Agora: tato, olfato e audição.

Lily: (Olha para baixo:) – Olfato.

Pesquisadora: – Olfato serve para quê?

Lily: – Ouvir.

Pesquisadora: – E audição?

Lily: – Não sei.

Pesquisadora: – E tato?

Lily: – Não sei.

Pesquisadora: – Tato é pra pe...?

Lily: – Pele. Pele, paladar e só.

Pesquisadora: – E a audição? A audição serve para...

Lily: – Peraí... Xô pensar um pouquinho... (Silêncio) Paladar.

Pesquisadora: – E a audição serve para...

Lily (Silêncio, olhando para baixo:) – Só. São quatro.

Pesquisadora: – Certo. O que são quatro? Como é o nome disso? São os...

Lily: – Só. (Contando baixinho nos dedos.) Paladar, visão, olfato... (Trecho da filmagem da aplicação do instrumento de conceituação na Escola Peter Pan em setembro de 2006.)

Percebe-se que Lily demonstra ter compreendido sobre o desenvolvimento humano, quando diz: criança, mulher, homem. De igual modo, demonstra saber nomear e apontar corretamente as partes do corpo (cabeça, tronco e membros), bem como dá indícios de saber que são quatro os órgãos do sentido, apesar de não se recordar na hora de nomeá-los. Porém, a sua dificuldade está em agrupar as categorias semânticas que se inter-relacionam na formação do conceito.

O último item relacionado ao vocabulário de figuras foi considerado por Lily muito fácil, sendo 100% o seu total de acertos.

Pesquisadora: – Olha aqui essas figuras. (Coloca quatro fichas com gravuras sobre a mesa.) Você vai achar aí o adulto.

Lily: – Adulto. (Apontando) Aqui. Este daqui.

Pesquisadora: – É! Muito bem!!! Por que você escolheu essa?

Lily: – É essa.

Pesquisadora: – Como é que você sabe que esse é o adulto?

Lily: (Rindo:) – Não sei.

Pesquisadora: – Agora essa. Eu vou falar a palavra esqueleto. Qual é o esqueleto?

Lily: (Apontando:) – Essa.

Pesquisadora: – Por que é essa?

Lily: – Aqui. Tem [...] esse negócio (aponta os ossos).

Pesquisadora: – Agora, a palavra é tato.

Lily: – Tato.

Pesquisadora: – Qual é o tato?

Lily: (Aponta para a visão.)

Pesquisadora: – Tato?

Lily: Não (Aponta a gravura correspondente.)

Pesquisadora: – Por que é esse?

Lily: – É tato.

Pesquisadora: – Por que é?

Lily: – Não sei.

Pesquisadora: – Ok. Aqui (dispondo as imagens na mesa). Você vai me mostrar o tronco.

Lily: – Tronco. Essa (aponta corretamente).

Pesquisadora: – Muito bem! Por que é essa?

Lily: – É o tronco.

Pesquisadora: – Por que é que você acha que é o tronco?

Lily: – Não sei.

Pesquisadora: – Ok. Agora, a última. (Dispõe as fichas sobre a mesa.) Você vai me mostrar aqui a gravidez.

Lily: – É... (Aponta corretamente.)

Pesquisadora: – Muito bem!!! Por que é essa?

Lily: – Tem grávida. [...] É fácil!!! (Trecho da filmagem da aplicação do instrumento de conceituação na Escola Peter Pan em setembro de 2006.)

Observa-se que a ferramenta da imagem potencializa a recuperação do conceito, embora Lily ainda não consiga definir nem explicar a escolha das imagens, embora feita corretamente. A sua tendência é fazer a conceituação a partir de situações práticas e não como uma operação teórica, por isso a dificuldade em verbalizar a explicação das imagens. Nesse momento, o que importa são as ideias concretas, não há uma descontextualização do pensamento. Conforme visto no capítulo 2, o conceito é determinado pelas lembranças do que está sendo conceituado, daquilo que foi registrado perceptualmente pela memória.

Ao final do momento de mediação foi-lhe solicitado que desenhasse uma figura humana e colocasse o nome dos órgãos e/ou partes correspondentes (Figura 2). Ela fez a representação a seguir, desenhando e nomeando: cabeça (com olhos, nariz e boca, além dos cabelos), ossos e pernas. No lugar do tronco, observa-se que Lily desenhou a estrutura da coluna vertebral.

Analisando-se o desenho propriamente dito, Lily encontra-se numa fase de representação com uso de transparência, ou seja, ela desenha os ossos do corpo humano como se fosse possível vê-los a olho nu. Porém, como o objetivo não é discorrer sobre fases do desenho, e sim sobre o desenho como forma de representação do conceito apreendido, vê-se uma apropriação da noção de partes do corpo e de órgãos do sentido, o que não diferiria muito de um pensamento conceitual cotidiano, sendo que, como conceito novo, discutido em sala de aula, foi esboçada no desenho a tentativa de representação do esqueleto que é o conjunto de ossos que sustentam o corpo.

Figura 2: Desenho de Lily sobre o corpo humano

No momento de uso de instrumento de conceituação sobre os conceitos relacionados a alimentos (Apêndice B), as questões foram elaboradas a partir das temáticas: origem dos alimentos, tipos de alimentos, composição dos alimentos e cuidados com a alimentação. Todos esses conceitos foram trabalhados anteriormente em sala de aula.

Nesse momento Lily apresentou mais dificuldade. No primeiro item, identificação de absurdos, ela teve 25% de acertos relacionados aos cuidados com a alimentação.

Pesquisadora: – Eu vou lhe falar algumas frases que estão erradas e você vai descobrir o que está errado e me dizer. Peixes e carnes... são alimentos de origem vegetal.

Lily: (Fica olhando em silêncio.)

Pesquisadora: – Peixe é vegetal?

Lily: – É.

Pesquisadora: – Tem certeza? O que é um vegetal?

Lily: – Silêncio.

Pesquisadora: – Você sabe o que é vegetal?

Lily: – Acena negativamente com a cabeça.

Pesquisadora: – [...] Vegetal é aquilo que a gente planta, nasce e aí a gente come [...] Por exemplo, [...] a beterraba é um vegetal, o alface é vegetal... E o peixe é vegetal?

Lily: – Acena afirmativamente com a cabeça.

Pesquisadora: – É?!!! Você planta peixe?

Lily: – Não.

Pesquisadora: – E aí, ele é vegetal?

Lily: – Não.

Pesquisadora: – Ele é o quê?

Lily: – Não sei.

Pesquisadora: – Ok. Alimentos construtores... são aqueles que a gente usa para construir casa.

Lily: (Fica observando com as mãos no queixo:) – É... xô vê...

Pesquisadora: (Repete a frase:) – Você acha que está certo?

Lily: (Acena negativamente com a cabeça.)

Pesquisadora: – Por que não?

Lily: – Não sei.

Pesquisadora: – Então vamos lá... Quando a gente compra fruta não precisa lavar, pois já vem limpa.

Lily: (Acena afirmativamente com a cabeça.)

Pesquisadora: – Tá certo?!!! É assim mesmo?!!!

Lily: – É.

Pesquisadora: – Quando você compra fruta não precisa lavar não?

Lily: – Não. Precisa.

Pesquisadora: – E aí, tá certo ou errado?

Lily: – Errado.

Pesquisadora: – E o que você tem que fazer quando compra fruta?

[...]

Lily: – Lava, né? (Trecho da filmagem da aplicação do instrumento de conceituação na Escola Peter Pan em outubro de 2006.)

Na primeira questão proposta, Lily demonstra ausência de compreensão dos conceitos de animal, vegetal e mineral. Porém, quando lhe é explicado o que é vegetal, a sua resposta se modifica no processo, pois há criação de ZDP que a faz transitar, com ajuda externa, para outra resposta. Isso reforça a importância da metodologia de análise microgenética nos estudos educacionais de formação do pensamento conceitual, pois o uso dessa metodologia possibilita a percepção de que o próprio conceito é afetado no processo de investigação.

Na segunda questão, Lily percebe, utilizando-se das vivências cotidianas, que há um erro, pois não se usam alimentos para construir casas, mas não consegue superar a tendência do uso do pensamento prático para apresentar uma conceituação abstrata mais sofisticada.

Na última questão retratada no trecho transcrito percebem-se níveis de ajuda na formulação das questões pela pesquisadora, no intuito de possibilitar a reestruturação da concepção de Lily, estimulando uma nova formulação do seu pensamento com relação ao conteúdo proposto: higiene dos alimentos.

No segundo item do instrumento de conceituação, relacionado à identificação e funções dos alimentos, Lily demonstra 50% de acerto, ligado à origem dos alimentos e cuidados com a alimentação.

Pesquisadora: – Agora eu vou lhe fazer umas perguntas para você responder, tá bom? Qual a importância da alimentação?

Lily: (Abaixa a cabeça pensativa. Fica em silêncio.)

Lily: (Após um tempo... Levanta a cabeça:) – Queci.

Pesquisadora: – Esqueceu? Por que é importante você comer?

Lily: Bota aqui: Comer. (Aponta o espaço da resposta.)

Pesquisadora: – Por que é importante você comer? Você come pra quê?

Lily: – Eu gosto de batatinha. [...] Batata e carne. Só.

Pesquisadora: – Hum!... E por que você come?

Lily: (Apontando no dedo:) – Batata, carne e macarrão.

Pesquisadora: – E pra que você come?

Lily: – Todos. Todos os dias.

Pesquisadora: – Certo. Eu quero que você me diga, agora, um exemplo de alimento industrializado.

Lily: (Prendendo os lábios, fica em silêncio:) – Queci.

Pesquisadora: – Esqueceu? Vou dar um exemplo. [...] Alimento industrializado é aquele que você já compra pronto, na latinha. Fala aí um alimento que você compra na latinha.

Lily: – Gelatina.

Pesquisadora: – Ok. Quais são os cuidados que a gente deve ter com a nossa alimentação?

Lily: (Deitando a cabeça na mesa:) – É...

Pesquisadora: – Você deve fazer o quê?...

Lily (Olhando para baixo:) – É... (silêncio).

Pesquisadora: – Como é que você vai cuidar dos seus alimentos?

Lily: – Não sei.

Pesquisadora: – Vai comer sujo?

Lily: – Não.

Pesquisadora: – Então tem que fazer o quê?

Lily: – Lavar... E enxugar.

Pesquisadora: – Certo. Qual a função dos alimentos reguladores?

Lily (Coloca a mão no queixo e fica em silêncio.)

Pesquisadora: – Você sabe?

Lily: (Acena negativamente com a cabeça.)

Pesquisadora: – O que é desnutrição?

Lily: – Não sei.

[...]

Pesquisadora: – Você já viu alguém desnutrido?

Lily – Não.

[...]

Pesquisadora: – Vou dizer outra palavra: obesidade. O que é obesidade?

Lily: – É... (Junta as mãos e fica pensativa; olha pra cima e faz sinal de não sei com as mãos.)

Pesquisadora: – A pessoa obesa é uma pessoa como?

Lily: – Forte.

Pesquisadora: – Forte saudável? Com saúde?

Lily: – É. Pode ser. Come galinha, arroz e feijão.

Pesquisadora: – O que é má alimentação? [...] Má alimentação, uma alimentação errada, o que é isso?

Lily (Fica olhando o papel.)

Pesquisadora: – Você pode me dar um exemplo de alimentação errada?

Lily: – Pode ser galinha. [...] Galinha assada.

Pesquisadora: – E alimentação saudável? O que é alimentação saudável?

Lily: – Não sei.

Pesquisadora: – Você sabe o que é saudável?

Lily: – Acena negativamente com a cabeça.

Pesquisadora: – Alimentação boa pra saúde. Fala aí uma coisa boa pra saúde, um alimento bom pra saúde.

Lily: – Sal.

Pesquisadora: – Sal é bom pra saúde? [...] Tem certeza?

Lily: – É. Sal, azeite, azeitona e.... feijão também. (Trecho da filmagem da aplicação do instrumento de conceituação na Escola Peter Pan em outubro de 2006.)

Observa-se, neste trecho, a dificuldade de conceituar palavras que fazem parte de uma vivência cotidiana fazendo, por exemplo, apenas a relação "obesidade/forte". Há nessa relação feita por Lily indícios do uso do conhecimento cotidiano, a partir do qual ela relaciona o conceito à imagem mental que possui acerca da obesidade, imagem essa certamente construída a partir de suas experiências. "O conhecimento cotidiano é mais flexível com relação aos termos que utiliza" (BIZZO, 2002: 24). Para a escola, não é fácil estabelecer a distinção entre conhecimento cotidiano e conhecimento científico, "pois isso deve ser feito sem desfazer o amálgama social representado pelas crenças de um povo" (BIZZO, 2002: 21).

É importante ressaltar que, no terceiro bimestre letivo, foram trabalhados conceitos relacionados a corpo humano e alimentação. Outro fato que vale registrar é que nesse bimestre Lily faltou a algumas aulas. A dificuldade de Lily parece ser decorrente da pouca quantidade de tempo para o trabalho com tantas informações. Se há uma grande quantidade de informações ou há outras demandas cognitivas, isto requer um maior esforço atencional, o que pode dificultar o armazenamento das informações na memória de curto prazo.

Ao ser questionada acerca da importância da alimentação, Lily respondeu: "Eu gosto de batata e carne e macarrão, todo dia". Observa-se que ela utiliza mais uma vez o conhecimento cotidiano relacionado ao contexto concreto e real vivenciado por ela. Isto representa um desafio a ser superado, tendo em vista que "o conhecimento científico tem clara preferência pelo abstrato e pelo simbólico. Dessa forma, os significados são arbitrários e estabelecidos por convenções" (BIZZO, 2002: 25).

Quando questionada sobre a função dos alimentos reguladores, Lily responde "Não sei". A terminologia "reguladores" compacta informações convencionais estabelecidas cientificamente; diz respeito à regulação do organismo para que ele funcione melhor. Essa compactação dificulta que Lily dê uma significação a tal termo, mesmo a partir de seus conceitos cotidianos que possuem significados menos arbitrários e mais autoevidentes. Assim, a compactação da terminologia utilizada nos conceitos científicos dificulta a significação, a partir dos conceitos cotidianos que são mais autoevidentes.

No item quatro, referente à organização sintático-semântica, Lily não consegue organizar as palavras e formar frases que contenham os conceitos trabalhados. Essa dificuldade pode estar relacionada às dificuldades específicas que crianças com Síndrome de Down têm no "processamento da memória de curto-prazo e, consequentemente, no desenvolvimento da linguagem expressiva e receptiva" (BOWER & HAYES, 1994, apud BISSOTO, 2005: 83).

> Pesquisadora: – Agora eu vou lhe dizer três palavras e eu queria que você inventasse uma frase com essas palavras. Óleo, mel e energia.
>
> Lily: (Fica em silêncio e depois responde:) – Mel.
>
> Pesquisadora: – O que tem o mel?
>
> Lily: – Mel.
>
> Pesquisadora: – E o que você vai dizer do mel?
>
> Lily: – Mel, só.
>
> Pesquisadora: – Então, faça uma frase com as palavras: vitaminas, alimento e saúde.
>
> Lily: – Vitamina.
>
> Pesquisadora: – Por que vitamina?
>
> Lily: – É melhor!
>
> Pesquisadora: – Você tá escolhendo o que é melhor?!!!
>
> Lily: – É.
>
> Pesquisadora: – Certo. Vegetal, verdura e alimento.
>
> Lily: – É... (Boceja).
>
> Pesquisadora: – Tá com sono hoje?
>
> Lily: – Não.
>
> Pesquisadora: – E por que tá abrindo a boca?
>
> Lily: – Nada.
>
> Pesquisadora: – Vegetal, verdura e alimento. Faça uma frase com essas três palavras.
>
> Lily: – Macarrão, feijão e arroz.
>
> Pesquisadora: – Macarrão, feijão e arroz?
>
> Lily – É e batatinha frita. [...] E carne, carne boi. [...] Carne boi só. Só isso.
>
> Pesquisadora: – Ah!!! É isso que você gosta de comer?
>
> Lily: – Adoro.

> Pesquisadora: – Agora: gordura, carboidratos e alimentos. [...] Qual a frase que você vai fazer?
>
> Lily: – Feijão, arroz e frango. [...] É bom! (Trecho da filmagem da aplicação do instrumento de conceituação na Escola Peter Pan em outubro de 2006.)

O bocejo de Lily também é indicativo de que ela estava cansada e talvez isso tenha interferido em seu rendimento nesse momento de mediação. Estudos realizados por Gathercole e Baddeley (1993, apud SANTOS & MELLO, 2004) com uma criança com Síndrome de Down igualmente demonstram o que está descrito neste trecho: a dificuldade na codificação semântica de palavras familiares, ou seja, de criar elos entre estes conceitos.

O último item do instrumento de conceituação, o vocabulário de figuras, foi também considerado "muito fácil" por Lily. Ela conseguiu 50% de acertos relacionados à origem dos alimentos e o que os alimentos contêm. Infere-se, portanto, que a informação visual aciona a memória de longo prazo, através da qual a criança retoma os agrupamentos conceituais "guardados" por outras informações visuais.

> Pesquisadora: – Eu vou lhe mostrar umas gravuras e você vai me dizer aquela que mais combina com a palavra que eu vou falar. A palavra é: carboidrato (começa a organizar as gravuras na mesa e certifica-se de que Lily reconhece todos os itens das gravuras). Aqui é leite, carne, vegetal e macarrão. Qual desses aí é carboidrato?
>
> Lily: (Rapidamente:) – Macarrão.
>
> Pesquisadora: – Por que você acha?
>
> Lily: – Eu acho é. Ai meu Deus... Pô, muito fácil!
>
> Pesquisadora: – A outra é assim: alimento que contém proteína (vai dispondo as gravuras sobre a mesa e nomeando junto com Lily). Qual desses alimentos tem proteína?
>
> Lily: – É... Pipoca.
>
> Pesquisadora: – Pipoca tem proteína?
>
> Lily – Tem. [...] Cansei.
>
> Pesquisadora: – Já tá acabando. Alimentos energéticos. (Dispõe as gravuras nomeando-as junto com Lily.) Qual desses aqui são energéticos?

Lily: (Rapidamente:) Peixe.

Pesquisadora: – Peixe é energético?

Lily – É. Muito fácil esse. [...] Ah, tanta coisa!!!

Pesquisadora: – Prometo que essa é a última. (Coloca as gravuras e nomeia.) Qual desses é um alimento de origem mineral?

Lily: (Aponta rapidamente e diz:) – Sal.

Pesquisadora: – Por que o sal?

Lily: – É melhor! (Risos.) Ai Susana, doeu minha perna. (Trecho da filmagem da aplicação do instrumento de conceituação na Escola Peter Pan em outubro de 2006.)

Observa-se que nesse dia Lily não está muito disposta àquele momento de mediação. Isso, sem dúvida, interferiu negativamente em suas respostas. Essa dificuldade em manter sua atenção seletiva ou direcionada para a tarefa proposta faz com que sua concentração seja instável e que outros estímulos, internos ou externos, desviem sua atenção. Isso resulta no prejuízo na continuidade da tarefa.

Ao ser solicitado que represente, através de desenho, o que considera ser uma alimentação saudável, Lily faz a representação de uma mesa com vários círculos acima e abaixo escreve: goiaba, maçã, uva, feijão e batata (Figura 3). Porém, enquanto fazia os registros dos círculos, ela repetia:

Lily: – Arroz, feijão, galinha assada, mocotó...

Pesquisadora: (Aponta um desenho:) – E esse aqui?

Lily: – Maçã, goiaba. Tem mais frutas.

Pesquisadora: – É?

Lily: – Outra, goiaba, dois goiaba, tanta goiaba.

(Cada desenho de alimento é representado com um círculo).

Pesquisadora: – Que mais que é bom pra saúde?

Lily: – Um bocado: goiaba, goiaba, goiaba, goiaba, goiaba, goiaba, goiaba, goiaba...

[...]

Pesquisadora: – Escreva o nome desses alimentos aqui.

Lily – Goiaba, maçã, goiaba e maçã... Uva. Só.

[...]

Pesquisadora: – Você falou arroz, feijão...

Lily: (Escreve) e bata frita. (Após correção pela pesquisadora:) Batata.

Pesquisadora: – E batata frita é bom pra saúde?

Lily: – É bom!

Pesquisadora: – Não é gorduroso não?

Lily: – Não. (Desenha as pernas da mesa.) [...] Pêra aí... ô queci mais aqui. [...] Banana (escreve). É também batata. Só isso.

Pesquisadora: – É? Então só me diz uma coisa pra gente terminar. Você acha que batata frita a gente pode comer muito?

Lily: – Pode.

Pesquisadora: – Hambúrguer a gente pode comer muito?

Lily: – Pera é... Goiaba, maça, uva...

Pesquisadora: – Essas coisas podem.

Lily: – Só isso.

Pesquisadora: – E hambúrguer é saudável?

Lily: – Não.

Pesquisadora: – E refrigerante é saudável?

Lily: – Não. (Trecho da filmagem da aplicação do instrumento de conceituação na Escola Peter Pan em outubro de 2006.)

Observa-se que Lily demonstra ter apreendido o conceito de alimentação saudável e, mesmo agrupando objetos com base em esquemas práticos, relacionados à sua vivência, apresenta potencial para envolver-se em atividade cognitiva de caráter mais abstrato. Com relação à batata frita ser um alimento saudável, percebe-se que o uso de conceitos cotidianos construídos equivocadamente, pode chegar a se constituir um obstáculo para a formação de conceitos científicos, embora não se constitua um obstáculo, neste momento, para Lily.

Figura 3: Desenho de Lily sobre alimentação saudável

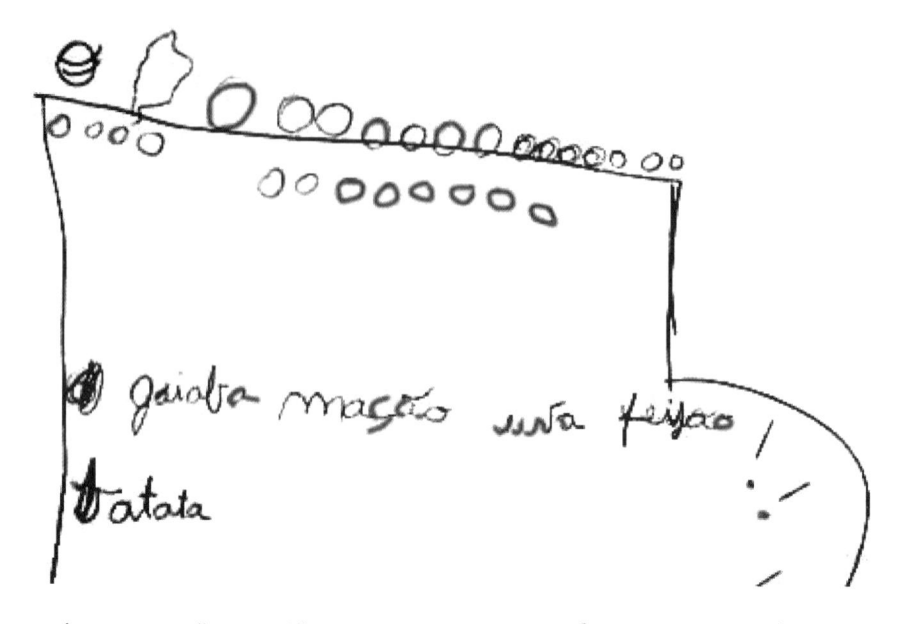

A resposta "não sei" apareceu em quatro dos cinco itens do instrumento utilizado no momento de mediação de conceitos na temática corpo humano, e em três dos cinco itens do instrumento na temática alimentos, apesar de todos os conceitos envolvidos no teste terem sido trabalhados em atividades variadas na sala de aula. Isto pode indicar que Lily está tendo dificuldades de acionar estratégias de memorização que a possibilitem reter o conhecimento trabalhado, ou também que não houve internalização de parte dos conceitos trabalhados pela escola.

Do mesmo modo que nos outros instrumentos de conceituação, foi feito o último momento de mediação pela pesquisadora em dezembro de 2006. Neste último momento, abordaram-se conceitos relacionados à temática trabalhada no último bimestre: animais (Apêndice C). Nele os conceitos trabalhados foram: classificação dos animais; classificação dos vertebrados; locomoção; alimentação e proteção do corpo.

No item identificação de absurdos, Lily apresentou um percentual de 20% de acerto. Nesse item, ela demonstra dificuldades com alguns conceitos científicos como: carnívoro, répteis, vertebrado. Apesar de reconhecer erros que aparecem nas frases, não consegue explicá-los verbalmente.

Pesquisadora: – Vou dizer algumas coisas erradas e você deve descobrir o que está errado naquilo que vou falar. O cavalo é um animal carnívoro, pois ele se alimenta de carne.

Lily: – É... ele come carne e formiga.

Pesquisadora: – O cavalo come carne?

Lily: – É.

Pesquisadora: – Agora outra: A barata é um animal vertebrado.

Lily: – Não.

Pesquisadora – A barata é o quê?

Lily: – Não sei.

Pesquisadora: – Agora essa: Répteis são animais que voam.

Lily: (Pensativa:) – Não.

Pesquisadora: – O que são répteis?

Lily: – De boi.

Pesquisadora: – Vou dizer outra frase: Os mamíferos nascem de ovos.

Lily: – É galinha.

Pesquisadora: – Ah, a galinha nasce do ovo. E os mamíferos?

Lily: – Da barriga da mãe. (Trecho do Diário de Campo de aplicação do instrumento de conceituação na Escola Peter Pan em dezembro de 2006.)

Observa-se a predominância de um pensamento concreto que não separa os objetos em categorias lógicas, mas os relacionam às situações e experiências reproduzidas na memória. Isso é notório na relação ovos/galinha. Essa forma de insegurança fora da experiência concreta faz com que se opere um processo de recordação de impressões físico-sensoriais, ao invés de se utilizar do raciocínio verbal-lógico, por exemplo, dificuldade em conceituar répteis, carnívoro e lembrar o termo invertebrado.

No item do instrumento de conceituação relacionado à identificação, classificação e funções, Lily acertou 50% das questões propostas, conforme trecho transcrito a seguir.

> Pesquisadora: – Vou lhe fazer algumas perguntas para que você responda. Para que servem as asas dos pássaros?
>
> Lily: – Para voar.
>
> Pesquisadora: – Muito bem! Agora, dê um exemplo de animal invertebrado.
>
> Lily: – Carne.
>
> Pesquisadora: – Carne é animal?
>
> Lily: (Acena afirmativamente com a cabeça.)
>
> Pesquisadora: – Qual a função dos pelos?
>
> Lily: – Não sei.
>
> Pesquisadora: – Por que os animais têm pelos?
>
> Lily: – Humm... Não sei.
>
> Pesquisadora: – Como nascem os mamíferos?
>
> Lily: – Da barriga. (Trecho do Diário de Campo de aplicação do instrumento de conceituação na Escola Peter Pan em dezembro de 2006.)

Vê-se que a relação com a situação funcional, aparência ou atributos físicos faz com que a conceituação seja mais "fácil" para Lily. Isso, mais uma vez, revela um pensamento apoiado na experiência prática.

Na definição de palavras, Lily apresenta dificuldade em conceitos científicos que são traduzidos por vocábulos distantes daqueles que são utilizados no cotidiano. Por exemplo, ela tem dificuldade de conceituar onívoros, vertebrados e mamíferos, porém utiliza palavras semelhantes, demonstrando associação e não necessariamente apropriação dos conceitos, por exemplo, Penas = Voar; Nadadeiras = nadar.

> Pesquisadora: – Vou lhe dizer umas palavras e você me dirá o que é; pode também usar gesto ou dizer para que serve. O que são onívoros? Animais onívoros?
>
> Lily: – Boi e cavalo.
>
> Pesquisadora: – O boi e o cavalo são onívoros?
>
> Lily: – Cachorro também.
>
> Pesquisadora: – O que são vertebrados?
>
> Lily: – Não sei.
>
> Pesquisadora: – Lembra que a pró falou na sala? Vertebrados...

> Lily: – Não sei.
>
> Pesquisadora: – O que são mamíferos?
>
> Lily – Boi, cavalo.
>
> Pesquisadora: – E o que o boi e o cavalo comem?
>
> Lily: – Come peixe e feijão.
>
> Pesquisadora: – Penas. O que são penas?
>
> Lily: – Voar (faz o gesto).
>
> Pesquisadora: – E nadadeiras? O que são nadadeiras?
>
> Lily: – Nadar. (Trecho do Diário de Campo de aplicação do instrumento de conceituação na Escola Peter Pan em dezembro de 2006.)

Na organização sintático-semântica, Lily não conseguiu reunir significativamente as palavras, de modo a formar frases, com uso dos conceitos trabalhados. Mais uma vez é importante ressaltar que essa dificuldade na relação semântica dos conceitos acontece porque, nesse momento do desenvolvimento do pensamento conceitual, as palavras ainda não são modo de organização do pensamento. Porém, isso não significa que Lily não possa alcançar essa forma de estruturação do pensamento conceitual posteriormente.

> Pesquisadora: – Vou lhe dizer três palavras e você deve inventar uma frase usando essas palavras. Penas, proteção, aves.
>
> Lily: – Não sei.
>
> Pesquisadora: – E herbívoros, vegetais e animais.
>
> Lily: (Pensativa:) – Animais, boi, só.
>
> Pesquisadora: – Agora, essas palavras: vertebrados, coluna vertebral, onça.
>
> Lily: – Leão.
>
> Pesquisadora: – Homem, mamífero, leite.
>
> Lily: – Leite.
>
> Pesquisadora: – Peixe, nadadeira, locomoção.
>
> Lily: – O peixe se arrasta. (Trecho do Diário de Campo de aplicação do instrumento de conceituação na Escola Peter Pan em dezembro de 2006.)

Como desde os outros momentos de mediação feitos pela pesquisadora, essa atividade se configurou para além da ZDP de Lily, isto é, daquilo que ela podia fazer naquele momento com ajuda, a pesquisadora optou por não fazer mais interferências, percebendo que, naquele momento, mesmo com ajuda, ela não conseguia realizar a atividade proposta.

Porém, no último item do instrumento de conceituação, vocabulário de figuras, Lily apresentou 100% de acerto, conseguindo não apenas escolher a gravura que correspondia ao conceito citado, mas explicar o motivo de sua escolha, com exceção de animal onívoro.

Em todos os três momentos de mediação, com uso do instrumento de conceituação, as maiores potencialidades demonstradas por Lily foram: a identificação de absurdos e o vocabulário de figuras que foi considerado por ela, como muito fácil. De acordo com Bissoto (2005), o uso de gestos ou figuras potencializa a capacidade de memória da pessoa com Síndrome de Down por apresentar habilidade de processamento e de memória visual mais desenvolvida do que a referente à memória auditiva. Assim, a utilização de recursos visuais no ensino dessas crianças favorecerá o processamento dos conceitos trabalhados.

No entanto, os maiores problemas de Lily estiveram relacionados à definição de palavras e à organização sintático-semântica, pois apresentou dificuldades em reunir significativamente as palavras de modo a formar frases. Essas dificuldades acontecem porque, segundo Vygotsky (2001: 525-526), "o momento de surgimento do conceito científico começa exatamente a partir da definição verbal, de operações vinculadas a essa definição". Isso requer um nível de consciência na formulação verbal dos conceitos, o que só aparece mais tardiamente, isto é, na adolescência. Vale ressaltar que essa não é uma limitação da criança com Síndrome de Down, mas é característica no processo de formação conceitual, tendo em vista que o conceito científico requer um nível maior de abstração e generalização. Os conceitos científicos são termos que sintetizam ideias complexas, formando um "código de compactação [que] tenta juntar informação agregando significados" (BIZZO, 2002: 23).

Além das questões relacionadas a mediações ineficazes que não a possibilitaram, naquele momento, apropriar-se das ajudas fornecidas, outra explicação para essa dificuldade em definir verbalmente palavras ou organizá-las significativamente, formando frases que demonstram a apropriação conceitual com sentido e coerência, pode ser dada a partir da própria explicação do atraso de linguagem da pessoa com Síndrome de Down.

> O atraso no desenvolvimento da linguagem, o menor re-conhecimento das regras gramaticais e sintáticas da língua, bem como as dificuldades na produção da fala apresentados por essas crianças resultam em que apresentem um vocabulário mais reduzido, o que, frequentemente, faz com que essas crianças não consigam se expressar na mesma medida em que compreendem o que é falado [...] (BISSOTO, 2005: 82).

Entretanto, "aprender não é somente adquirir um *savoir-faire*[2], mas também saber como fazer para adquirir saber" (MORIN, 2005: 68). Assim, a possibilidade de aprendizagem relaciona-se à plasticidade cerebral, pois as experiências vividas desde o nascimento aumentam a possibilidade de aprender, devido à ampliação das sinapses neurais ou ligações de neurônios que favorecem a conexão e "circulação das informações" no cérebro. Desse modo, o conhecimento necessita dos estímulos do meio e da memória para operar e se desenvolver.

É possível entender que "o desenvolvimento das competências inatas avança em paralelo com o desenvolvimento das aptidões para adquirir, memorizar e tratar o conhecimento" (MORIN, 2005: 70).

Dessa forma, para aprender, o aparelho neurocerebral dispõe de dupla memória (genética/pessoal) e de competência para tratar dos dados provenientes do aparelho sensório e de aptidões estratégicas para resolver problemas variados. No entanto, essas estratégias somente serão desenvolvidas quando o sujeito se defrontar com situações novas, pois, quando a situação é conhecida, há o automatismo na tomada de decisões. Mesmo quando há uso de estratégias, há vários automatismos cerebrais sendo utilizados, e estes somente serão enriquecidos quando forem utilizadas sequências diversas de ações programadas. Utilizando-se de estratégias cognitivas, o homem extrai as informações necessárias da situação, representa essa situação, avalia as eventualidades e elabora suas possibilidades de ação.

---

2. Saber fazer.

Finalizando, é importante retomar os indicadores levantados na introdução, para a categoria apropriação conceitual. Com relação a esses indicadores, Lily demonstra o seu potencial de formação do pensamento conceitual. Ela consegue, em diversos momentos, perceber os níveis de ajuda fornecidos, apropriando-se dos mesmos, chegando a resolver, em alguns momentos, autonomamente a atividade sugerida. Essa capacidade só não é percebida em momentos em que a atividade sugerida está além do seu desenvolvimento potencial e não cria ZDP. De igual modo, Lily demonstra, em várias situações, a modificação do conceito cotidiano a partir das interações sociais. Portanto, sua maior dificuldade está em inserir o conceito trabalhado numa rede semântica e em aplicar os conceitos trabalhados em outras situações diferentes das vivenciadas em sala de aula ou em outros espaços, isto é, chegar a abstrair da experiência, conceituando de modo mais abstrato. Entretanto, isso revela um caminho que ainda pode ser percorrido por Lily a partir das mediações feitas.

Conclusão

[...] O pensamento complexo reconhece [...] a impossibilidade e a necessidade de totalização, de unificação, de síntese [...] lutando contra a pretensão à [...] totalidade [...] com a consciência absoluta e irremediável do caráter inacabado de todo conhecimento, de todo pensamento e de toda obra (MORIN, 2005: 38).

Retomando as questões norteadoras dessa investigação que deram origem a este livro foi possível refletir sobre como acontece a mediação pedagógica de conceitos em classe de escola regular onde há inclusão de estudantes com Síndrome de Down, e como esses estudantes com Síndrome de Down demonstram, em contexto escolar, ter se apropriado dos conceitos sistematizados pelo professor na escola.

Durante todo o texto do livro observou-se que é impossível tratar dessas questões norteadoras sem discutir também o processo da inclusão e de como isso está acontecendo nas escolas onde o trabalho foi realizado. Em ambos os espaços escolares constata-se que a formação do professor é imprescindível para o sucesso do processo de inclusão de estudantes com Síndrome de Down na escola regular. A ausência de informações sobre a Síndrome de Down acaba por criar preconcepções e baixa expectativa dos docentes sobre o processo de aprendizagem da criança com Síndrome de Down. O acesso a informações possibilita ao professor entender quão importante é solicitar do estudante com Síndrome de Down o máximo do seu potencial, favorecendo, assim, o seu desenvolvimento. Entende-se aqui que a formação do professor passa também pela competência na organização e gestão da classe como condição *sine qua non* para a constituição de um ambiente favorável à aprendizagem.

Outra questão importante é o ensino baseado na colaboração entre pares de estudantes. Isso é uma conquista iniciada em ambas as escolas, mas que pode favorecer a aprendizagem não apenas de estudantes com Síndrome de Down, mas de todos os estudantes inseridos no contexto da escola regular. Porém, foi possível perceber, conforme capítulo 5, uma forte interferência dos valores sociais e familiares no modo como se dava a relação entre os pares de estudantes. Houve uma variação de atitudes das crianças que passaram pelo preconceito e descrença quanto à possibilidade de colaboração da criança com Síndrome de Down, ao passo que, em outros momentos, havia a tentativa de transmitir a resposta considerada adequada e correta. Apenas com uma aluna da Escola Balão Mágico, conforme se observa no capítulo 4, pode-se considerar que se efetivou um processo de aprendizagem cooperativa. Essas atitudes de descrença na possibilidade da pessoa com Síndrome de Down poderiam ser minimizadas com o preparo anterior do professor, do grupo e das famílias envolvidas para a convivência com as diferenças e o reconhecimento de que todos têm peculiaridades que os tornam singulares no processo de aprender. Ajudar o grupo a ouvir o estudante com Síndrome de Down, garantir sua fala e valorizar suas conquistas e seu pensamento é necessário para que a inclusão seja uma realidade e não represente apenas a inserção do estudante com Síndrome de Down na sala.

Essa percepção leva, ao final deste estudo, ao questionamento de que apenas a matrícula de estudantes com necessidades educacionais especiais, torna uma escola, de fato, inclusiva. É necessário ter em mente que escola para todos é diferente de todos na escola (RODRIGUES, 2003).

Ainda com respeito à inclusão, é importante ressaltar a necessidade do preparo da escola para que esse processo seja eficaz. Esse preparo envolve também a redução do número de estudantes por turma. Esse fato possibilita uma maior mediação pedagógica e possibilidade de acompanhamento aos estudantes com Síndrome de Down, bem como aos demais.

Quanto ao processo de mediação pedagógica, foi possível constatar, nos capítulos 4 e 5, a sua importância para o processo de formação de conceitos de todos os estudantes, em especial daqueles com Síndrome de Down. O professor pode, portanto, mediar os processos psicológicos envolvidos na formação do pensamento conceitual como a atenção, a percepção, a memória, a generalização, o pensamento e a linguagem, como forma de potencializar a possibilidade de formação de conceitos.

As ações mediadoras do professor têm início no planejamento das aulas e das atividades para a apresentação e/ou sistematização do conceito. Nesse processo é importante lembrar que o conceito é uma entidade abstrata, que parte da relação pensamento e linguagem, exigindo um nível de abstração e generalização. Porém, isto não impede que o professor dos anos iniciais do Ensino Fundamental utilize situações vivenciais ou experienciais para, a partir daí, possibilitar reflexões, estabelecimento de relações e a formação do conceito. É claro que um nível mais profundo de abstração ou a capacidade de definir verbalmente o conceito é um processo a ser construído e que continua nos anos subsequentes do desenvolvimento ontogenético, sendo mais estruturado a partir da adolescência. Porém, as atividades intencionalmente planejadas com finalidade de mediação possibilitam o avanço da criança com Síndrome de Down na internalização do pensamento conceitual, de modo a organizar suas percepções iniciais vagas e sincréticas, em modos mais ordenados do pensamento que significam a experiência concreta e dão lugar à generalização com significado funcional. Entretanto, esta dedução, inicialmente empírica, deve avançar até a elaboração do que Vygotsky (1996) denominou de conceitos verdadeiros.

Outra questão observada no capítulo 5 é que para as crianças com Síndrome de Down as analogias não se constituem níveis de ajuda que favoreçam a criação de ZDP, pois essas crianças, na maioria das vezes, não conseguem abstrair da situação análoga apresentada para a formação do pensamento conceitual. Nesses casos, são mais indicadas situações vivenciais que partem dos conceitos cotidianos já possuídos por essas crianças. Tais conceitos são pré-requisitos necessários que favorecem a construção de conceitos científicos, porém a internalização desses novos conceitos "não pressupõe o abandono das concepções prévias, mas a tomada da consciência do contexto em que elas são aplicáveis" (MORTIMER, 2006: 11).

Como o trabalho de investigação em questão foi realizado em momentos iniciais da escolarização não foi possível detectar nas crianças com Síndrome de Down pesquisadas a formação dos chamados conceitos verdadeiros, que exigem um nível maior de abstração. Porém, pelo trabalho realizado, as duas crianças pesquisadas sinalizaram possibilidades reais de avançar na formação do pensamento conceitual abstrato. Entretanto, isto seria objeto para outra pesquisa.

Outra constatação feita ainda nos capítulos 4 e 5 foi que as fases apontadas por Vygotsky no processo de formação do pensamento conceitual, conforme afirmado por ele, não são lineares em sua construção, elas coexistem avançando até a possibilidade de formação de conceitos verdadeiros. Isso não significa que, em alguns momentos, o retorno ao pensamento sincrético representa um retrocesso, mas que a criança naquele momento não se apropriou de elementos empíricos necessários para a elaboração de um pensamento prático, chamado por Vygotsky de pensamento por complexo, pseudoconceitos ou conceitos potenciais. Nesse processo formativo, o que inicialmente determina a classificação de um conceito em complexos é a percepção e a memória visual, pois ainda não há categorizações e inferências sobre os conceitos. O que há é um modo concreto de interação com os mesmos, baseado na experiência prática do indivíduo e não na "experiência compartilhada da sociedade transmitida através do seu sistema linguístico" (LURIA, 2002: 69). Portanto, o desenvolvimento do pensamento conceitual não é linear e nem está preso a etapas que se sucedem e superam a anterior.

Ainda com relação aos conceitos na acepção histórico-cultural, observou-se no capítulo 5 a utilização de conceitos cotidianos para a apropriação dos conceitos científicos veiculados pela escola. A criança com Síndrome de Down parte das representações que já possui, buscando aplicá-las na aprendizagem do novo conceito. Isto indica um processo em desenvolvimento na formação do pensamento conceitual, e ainda que a verbalização consciente do conceito só aconteça na adolescência, a escola não deve se abster de trabalhá-la, desde o Ensino Fundamental, de modo a aproximar os estudantes de outra terminologia e novas formas de utilização dos conceitos. Isto não significa uma exacerbada valorização dos conceitos técnicos, em detrimento da valorização dos conceitos provenientes das experiências vivenciais dos estudantes, porém representa o acesso a outros saberes. "As ideias prévias dos estudantes desempenham um papel fundamental no processo de aprendizagem, já que essa só é possível a partir do que o aluno já conhece" (MORTIMER, 2006: 36).

Observou-se também nesta investigação, no capítulo 5, que nas crianças com Síndrome de Down o pensamento por complexo é o que mais se apresenta em seu processo de formação de conceitos, porém elas confirmam a possibilidade ontogenética e sociogenética, evolutiva, de alcançarem o pensamento conceitual abstrato, o que Vygotsky denomina de conceitos verdadeiros. Essa predominância do pensamento por complexos indica a fixação no significado concreto e literal das palavras apresentadas e a dificuldade, neste momento específico do desenvolvimento, de se efetuar a abstração e a busca do significado das palavras, típica de um comportamento abstrato. No entanto, isso é perfeitamente compatível com o momento de desenvolvimento da criança.

Porém, embora se tenha essa compreensão, é necessário que o professor, mediador do processo de formação do pensamento conceitual, compreenda que, por sua própria natureza de rede semântica, os conceitos não devem ser trabalhados isoladamente, devem sim constituir uma rede de significados relacionados e estruturados.

Para domínio dos conceitos científicos é necessário um processo de mediação, pois, como visto, a natureza de tais conceitos é mediada. Essa mediação pressupõe o ensino sistemático de tal conceito, a retomada dos conceitos cotidianos já dominados, a solicitação da explicação verbal dos novos conceitos internalizados e a aplicação dos mesmos a situações diferenciadas, favorecendo assim o seu processo de generalização (procedimento cognitivo) através da tomada de consciência e do uso deliberado de suas operações mentais (procedimento metacognitivo). Assim, observou-se a importância do papel do professor e dos pares para a internalização de conhecimentos.

A complexidade que envolve o processo de mediação pedagógica exige do professor a continuidade em seu processo formativo, através de estudos, pesquisas, orientação pedagógica, para que esse possa conseguir agir eficazmente na criação de ZDPs. Isso implica também que nesse processo de formação o professor tenha consciência da base epistemológica que fundamenta sua ação pedagógica de modo a planejar, intencionalmente, suas intervenções.

Na área específica de Ciências, a análise microgenética traz indícios de que, nas séries iniciais do Ensino Fundamental, o ensino de conceitos científicos favorece uma mudança no perfil conceitual prévio do estudante, com a inclusão de novas ideias científicas. Mas, conforme visto no capítulo 5, esses "novos" conceitos parecem passar a conviver com os anteriores sem necessariamente substitui-los. Essa situação pode ser relacionada com o que Mortimer (2006) chama de "enculturação", processo no qual a pessoa adentra numa cultura científica, diferente da sua, sem, contudo, "perder" suas referências culturais do conceito. Porém, não se pode negar que a introdução desses novos conceitos produz aprendizagem e desenvolvimento do sujeito que passa a "conviver" com eles.

De igual modo, é necessário tensionar, neste momento de finalização desta pesquisa, a formação do pedagogo como alguém que atuará com as diversas áreas do conhecimento nas séries iniciais do Ensino Fundamental. Segundo Mortimer (2006: 364), em sua discussão específica sobre o ensino de Ciências, a formação do professor para o trabalho com conceitos nessa área requer a discussão de "aspectos sobre o desenvolvimento do conhecimento científico, relação entre teoria e experimento, critérios de verdade e falsidade, características das metodologias científicas, relação entre ciência e senso comum". Tais aspectos podem contribuir para uma ação mediadora mais consciente do professor no processo de ensino de conceitos.

Assim, os resultados da pesquisa, analisados nos capítulos 4 e 5 apontam que, embora os sujeitos com Síndrome de Down demonstrem potencialidades de avançar na formação do pensamento conceitual, esse avanço tem a mediação do outro, em especial a mediação pedagógica, como condição *sine qua non* para acontecer. Nesse processo de mediação pedagógica cabe também possibilitar ao estudante com Síndrome de Down a criação de estratégias para a memorização dos conceitos trabalhados. Por memorização não se entende a mecanização da informação, mas a possibilidade de acessar as informações internalizadas sempre que se fizer necessário.

Através dessas interações sociais, o fator biológico extremamente importante no início do desenvolvimento do indivíduo com Síndrome de Down passa a não ser determinante desse desenvolvimento, pois, à medida que a criança com Síndrome de Down se integra no sistema social, a interferência deste passa a ser significativa, tanto quanto o era, inicialmente, o fator biológico.

Por fim, nesta investigação, a análise microgenética revelou-se como um eficiente método de investigação em educação, pois possibilita observar os processos psicológicos no movimento de transformação, conforme visto nos capítulos 4 e 5. Como o processo educativo deve promover constantes transformações no pensamento do aprendente, essa metodologia possibilitou a compreensão dessas transformações. É nesse diálogo que as significações dos conceitos são internalizadas, pois a significação "é o efeito da interação do locutor e do receptor produzido através do material de um determinado complexo sonoro" (BAKHTIN, 2004: 132).

Com vistas a dar continuidade a esses estudos, considera-se fundamental investigar o pensamento conceitual de adolescentes com Síndrome de Down inseridos na escola regular, a fim de verificar se a mediação pedagógica tem favorecido o desenvolvimento de conceitos de modo a serem utilizados conscientemente, de forma metacognitiva, num processo de articulação dos mesmos como redes semânticas.

Apêndice*

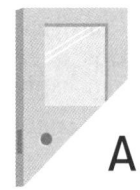

A

Instrumento de conceituação: corpo humano

Susana Couto Pimentel

A – Identificação de absurdos	
Consigna: – Vou dizer a você coisas erradas e você deve descobrir e me dizer o que está errado naquilo que eu falar. **Obs.**: A criança deve apontar o que está errado e justificar.	
1) O adulto é grande e depois vira criança.	
2. O corpo humano é formado por cabeça, tronco e rodas.	
3. A mãe come o bebê e por isso ele fica na barriga dela.	
4. O esqueleto é formado pela pele.	
5. Com a visão nós ouvimos os sons e com a audição sentimos cheiros.	
B – Identificação de partes do corpo e funções	
Consigna: – Vou lhe fazer algumas perguntas e você deve respondê-las. **Obs.**: A criança deve dar uma resposta lógica	
1) Para que servem os ossos?	
2) Quais são os membros superiores?	
3) Qual a função do paladar?	
4) Qual a diferença entre meninos e meninas?	
5) O que acontece na adolescência?	

C – Definição de palavras	
Consigna: – O que é... **Obs.:** A criança pode usar um significante (gesto, uso ou descrição do material) para expressar o significado.	
1) Gestação	
2) Audição	
3) Articulação	
4) Infância	
5) Tronco	

D – Organização sintático-semântica	
Consigna: – Vou lhe dizer três palavras e você deve inventar uma frase usando essas palavras. **Obs.:** A criança deve reunir significativamente as palavras.	
1) Adulto – adolescente – criança	
2) Membros – tronco – cabeça	
3) Tato – olfato – audição	
4) Esqueleto – ossos – músculos	
5) Óvulo – espermatozoide – bebê	

E – Vocabulário de figuras	
Consigna: – Vou lhe dizer uma palavra e você deve escolher o desenho que melhor combine com a palavra. **Obs.:** A criança deve escolher entre quatro desenhos o que melhor se adapte à palavra dita.	
1) Adulto	
2) Esqueleto	
3) Tato	
4) Tronco	
5) Gravidez	

B

Instrumento de conceituação: alimentos

Susana Couto Pimentel

A – Identificação de absurdos	
Consigna: – Vou dizer a você coisas erradas e você deve descobrir e me dizer o que está errado naquilo que eu falar. **Obs.**: A criança deve apontar o que está errado e justificar.	
1) Hamburgers, batata frita e refrigerantes são exemplos de alimentos saudáveis.	
2) Peixes e carnes são alimentos de origem vegetal.	
3) Alimentos construtores são usados para construir casas.	
4) Ao comprarmos frutas não há necessidade de lavar, pois já vêm limpas.	
B – Identificação de partes do corpo e funções	
Consigna: – Vou lhe fazer algumas perguntas e você deve respondê-las. **Obs.**: A criança deve dar uma resposta lógica.	
1) Qual a importância da alimentação?	
2) Dê exemplo de alimentos industrializados.	
3) Que cuidados devemos ter com a nossa alimentação?	
4) Qual a função dos alimentos reguladores?	

C – Definição de palavras	
Consigna: O que é... **Obs.**: A criança pode usar um significante (gesto, uso ou descrição do material) para expressar o significado.	
1) Desnutrição	
2) Obesidade	
3) Má alimentação	
4) Alimentação saudável	

D – Organização sintático-semântica	
Consigna: – Vou lhe dizer três palavras e você deve inventar uma frase usando essas palavras. **Obs.**: A criança deve reunir significativamente as palavras.	
1) óleo – mel – energia	
2) vitamina – alimentos – saúde	
3) vegetal – verduras – alimentos	
4) gordura – carboidratos – alimentos	

E – Vocabulário de figuras	
Consigna: – Vou lhe dizer uma palavra e você deve escolher o desenho que melhor combine com a palavra. **Obs.**: A criança deve escolher entre quatro desenhos o que melhor se adapte à palavra dita.	
1) Alimentos de origem mineral.	
2) Carboidratos ou açúcares.	
3) Alimentos energéticos.	
4) Alimentos que contêm proteínas.	

C

Instrumento de conceituação: animais

A – Identificação de absurdos	
Consigna: – Vou dizer a você coisas erradas e você deve descobrir e me dizer o que está errado naquilo que eu falar. **Obs.:** A criança deve apontar o que está errado e justificar.	
1) O cavalo é um animal carnívoro, pois se alimenta de carne.	
2) O caracol tem o corpo coberto por penas.	
3) A barata é um animal vertebrado.	
4) Répteis são animais que voam.	
5) Os mamíferos nascem de ovos.	
B – Identificação, classificação e funções	
Consigna: – Vou lhe fazer algumas perguntas e você deve respondê-las. **Obs.:** A criança deve dar uma resposta lógica.	
1) Para que servem as asas dos pássaros?	
2) Dê um exemplo de animal invertebrado?	
3) Qual a função dos pelos?	
4) Como os mamíferos nascem?	
5) Dê exemplo de animais carnívoros?	

C – Definição de palavras	
Consigna: – O que é... **Obs.**: A criança pode usar um significante (gesto, uso ou descrição do material) para expressar o significado.	
1) Onívoros	
2) Vertebrados	
3) Mamíferos	
4) Penas	
5) Nadadeiras	
D – Organização sintático-semântica	
Consigna: – Vou lhe dizer três palavras e você deve inventar uma frase usando essas palavras. **Obs.**: A criança deve reunir significativamente as palavras.	
1) penas – proteção – aves	
2) herbívoros – vegetais – animais	
3) vertebrados – coluna vertebral – onça	
4) homem – mamífero – leite	
5) peixe – nadadeira – locomoção	
E – Vocabulário de figuras	
Consigna: – Vou lhe dizer uma palavra e você deve escolher o desenho que melhor combine com a palavra. **Obs.**: A criança deve escolher entre quatro desenhos o que melhor se adapte à palavra dita.	
1) Animal que tem o corpo coberto de penas.	
2) Animal onívoro.	
3) Anfíbio.	
4) Animais que se locomovem com o corpo todo.	
5) Invertebrado.	

Referências

AGUIAR, João S. (2002). *Jogos para o ensino de conceitos* – Leitura e escrita na pré-escola. 4. ed. Campinas: Papirus.

ALVES-MAZZOTTI, Alda J. & GEWANDSZNAJDER, Fernando (2002). *O método nas Ciências Naturais e Sociais*: pesquisa quantitativa e qualitativa. São Paulo: Pioneira.

AUGÉ, Marc (1994). *Não lugares* – Introdução a uma antropologia da supermodernidade. Campinas: Papirus.

BAKHTIN, Mikhail (V.N. Volochínov) (2004). *Marxismo e filosofia da linguagem* – Problemas fundamentais do método sociológico na ciência da linguagem. São Paulo: Hucitec.

BAQUERO, Ricardo (2001). *Vygotsky e a aprendizagem escolar*. 2. ed. Porto Alegre: Artes Médicas.

BELMONTE, Lorenzo T. (1994). "O otimismo educativo de Reuven Feuerstein". *Revista Psicopedagógica*, vol. 13, n. 30, p. 9-15. São Paulo.

BISSOTO, Maria L. (2005). "Desenvolvimento cognitivo e o processo de aprendizagem do portador de Síndrome de Down: revendo concepções e perspectivas educacionais". *Ciências & Cognição*, vol. 04, mar., p. 80-88 [Disponível em http://www.cienciasecognicao.org – Acesso em 02/04/05].

BIZZO, Nélio (2002). *Ciências*: fácil ou difícil? 2. ed. São Paulo: Ática.

BOGDAN, Robert & BILKEN, Sari (1999). *Investigação qualitativa em Educação*: uma introdução à teoria e aos métodos. Porto: Porto Ed.

BOGOYAVLENSKY, D.N. & MENCHISKAYA, N.A. (1991). Relação entre aprendizagem e desenvolvimento psicointelectual da criança em idade escolar. In: LEONTIEV, A. et al. *Psicologia e Pedagogia*: bases psicológicas da aprendizagem e do desenvolvimento. São Paulo: Moraes.

BORUCHOVICH, Evely (1999). "Estratégias de aprendizagem e desempenho escolar: considerações para a prática educacional". *Psicologia*: reflexão e crítica, vol. 12, n. 2. Porto Alegre.

BOURDIEU, Pierre & PASSERON, Jean-Claude (1982). *A reprodução*: elementos para uma teoria do sistema de ensino. 2. ed. Rio de Janeiro: Francisco Alves.

BRASIL (1996). *Lei de Diretrizes e Bases da Educação Nacional*: Lei 9.394. Brasília: [s.e.].

BRASIL/Secretaria de Educação Fundamental/Secretaria de Educação Especial (1999). *Parâmetros Curriculares Nacionais*: adaptações curriculares. Brasília: MEC/SEF/Seesp.

BUENO, Orlando F.A. & OLIVEIRA, Maria G.M. (2004). Memória e amnésia. In: ANDRADE, Vivian M.; SANTOS, Heloísa & BUENO, Orlando F.A. (orgs.). *Neuropsicologia hoje*. São Paulo: Artes Médicas.

CHAMPLIN, Russel N. & BENTES, João M. (1997). *Enciclopédia de Bíblia, Teologia e Filosofia*, vol. 6. 4. ed. São Paulo: Candeia.

COLL, César; PALÁCIOS, Jesús & MARCHESI, Álvaro (orgs.) (1995). *Desenvolvimento psicológico e educação* – Necessidades educativas especiais e aprendizagem escolar. Porto Alegre: Artes Médicas.

COLL SALVADOR, César (1994). *Aprendizagem escolar e construção do conhecimento*. Porto Alegre: Artes Médicas.

COLL SALVADOR, César et al. (2000). *Psicologia do ensino*. Porto Alegre: Artes Médicas Sul.

DANIELS, Harry (2003). *Vygotsky e a Pedagogia*. São Paulo: Loyola.

ENUMO, Sônia R.F. (2005). "Avaliação assistida para crianças com necessidades educacionais especiais: um recurso auxiliar na inclusão escolar". *Revista Brasileira de Educação Especial*, vol. 11, n. 3, set.-dez., p. 335-354. Marília: Universidade Estadual Paulista/Abpee/FFC-Unesp-Publicações.

FERREIRO, Emilia & TEBEROSKY, Ana (1991). *Psicogênese da língua escrita*. 4. ed. Porto Alegre: Artes Médicas.

FOUCAULT, Michel (2004). *Vigiar e punir* – Nascimento da prisão. 29. ed. Petrópolis: Vozes.

FREIRE, Paulo (1979). *Pedagogia do oprimido*. 6. ed. Rio de Janeiro: Paz e Terra.

FREITAS, Maria T.A. (1996). *Vygotsky e Bakhtin* – Psicologia e Educação: um intertexto. São Paulo: Ática.

_____. (1994). *O pensamento de Vygotsky e Bakhtin no Brasil*. Campinas: Papirus.

FONTANA, Roseli A.C. (1996). *Mediação pedagógica na sala de aula*, Campinas: Autores Associados.

GOFFMAN, Erving (1988). *Estigma* – Notas sobre a manipulação da identidade deteriorada. Rio de Janeiro: Livros Técnicos e Científicos.

GOLBERT, Clarissa S. (1988). *A evolução psicolinguística e suas implicações na alfabetização*: teoria, avaliação, reflexões. Porto Alegre: Artes Médicas.

GOMES, Cristiano M.A. (2002). *Feuerstein e a construção mediada do conhecimento*. Porto Alegre: Artmed.

JESUS, Denise M. (2004). "Atuando em contexto – O processo de avaliação numa perspectiva inclusiva". *Psicologia e Sociedade*, vol. 16, n. 1, p. 37-49. Porto Alegre.

JODELET, Denise (2005). *Loucuras e representações sociais*. Petrópolis: Vozes.

KATO, Mary A. (1986). *No mundo da escrita*: uma perspectiva psicolinguística. São Paulo: Ática.

LABARRERE, A. (1996). *Interacción en ZDP*: que puede ocurrir para bien y que para mal. La Habana: ICCP/Argos.

LEÓNTIEV, A.N. (1996). Artigo de introdução sobre o trabalho criativo de L.S. Vygotsky. In: VYGOTSKY, L.S. *Teoria e método em Psicologia*. São Paulo: Martins Fontes.

LUCHETTI, Elena L. & BERLANDA, Omar G. (1998). *El diagnóstico en el aula*: conceptos, procedimientos, actitudes y dimensiones complementarias. 2. ed. Buenos Aires: Magisterio del Rio de la Plata.

LURIA, A.R. (2002). *Desenvolvimento cognitivo*: seus fundamentos culturais e sociais. 3. ed. São Paulo: Ícone.

_____ (1988). O desenvolvimento da escrita na criança. In: VYGOT-SKY, L.S.; LURIA, A.R. & LEÓNTIEV, A.N. *Linguagem, desenvolvimento e aprendizagem*. São Paulo: Ícone/Edusp.

MACEDO, Roberto S. (2004). *A etnopesquisa crítica e multirreferencial nas Ciências Humanas e na Educação*. 2. ed. Salvador: Edufba.

MANTOAN, Maria T.E. (2003). *Inclusão escolar*: O que é? Por quê? Como fazer? São Paulo: Moderna.

_____ (2000). *Ser ou estar, eis a questão* – Explicando o déficit intelectual. 2. ed. Rio de Janeiro: WVA.

MENEZES, Irani R. & BESNOSIK, Maria H.R. (1992). *Projeto de alfabetização* – Caderno 01. Feira de Santana: Uefs.

MILANI, Denise (2005). *Down, Síndrome de*: como – onde – quando – por quê. São Paulo: Livro Pronto.

MILLS, Nancy D. (2003). A educação da criança com Síndrome de Down. In: SCHWARTZMAN, José S. *Síndrome de Down*. 2. ed. São Paulo: Memnon/Mackenzie.

MIRANDA, Theresinha G. (1999). *A educação do deficiente mental*: construindo um espaço dialógico de elaboração conceitual. São Paulo: USP, 246 p. [Tese de doutorado em Educação].

MORIN, Edgar. (2005). *O método* – 3: Conhecimento do conhecimento. 3. ed. Porto Alegre: Sulina.

MORTIMER, Eduardo F. (2006). *Linguagem e formação de conceitos no ensino de Ciências*. 2. ed. Belo Horizonte: UFMG.

NABAS, Tatiana R. & XAVIER, Gilberto F. (2004). Atenção. In: ANDRADE, Vivian M.; SANTOS, Heloísa & BUENO, Orlando F.A. (orgs.). *Neuropsicologia hoje*. São Paulo: Artes Médicas.

NUÑEZ, Isauro B. & PACHECO, Otmara G. (1998). "Formação de conceitos segundo a Teoria de Assimilação de Galperin". *Caderno de Pesquisa*, 105, nov., p. 92-109. São Paulo.

OLIVEIRA, Marcos B. (1999). Natureza dinâmica dos conceitos. In: OLIVEIRA, Marcos B. & OLIVEIRA, Marta K. (orgs.). *Investigações cognitivas*: conceitos, linguagem e cultura. Porto Alegre: Artes Médicas Sul.

OLIVEIRA, Marta K. (1999). Três questões sobre desenvolvimento conceitual. In: OLIVEIRA, Marcos B. & OLIVEIRA, Marta K. (orgs.). *Investigações cognitivas*: conceitos, linguagem e cultura. Porto Alegre: Artes Médicas Sul.

PANOFSKY, Carolyn; JOHN-STEINER, Vera & BLACKWELL, Peggy J. (1996). O desenvolvimento do discurso e dos conceitos científicos. In: MOLL, Luis C. *Vygotsky e a educação* – Implicações pedagógicas da psicologia sócio-histórica. Porto Alegre: Artes Médicas.

PÉREZ DE LARA FERRE, Nuria. (2001). Identidade, diferença e diversidade: manter viva a pergunta. In: LARROSA, Jorge & SKLIAR, Carlos. (orgs.) *Habitantes de Babel*: políticas e poéticas da diferença. Belo Horizonte: Autêntica.

PIAGET, Jean (1998). *Psicologia e Pedagogia*. Rio de Janeiro: Forense Universitária.

PIMENTEL, Susana C. (2002a). "Discutindo a formação de conceitos – Considerações acerca do papel mediador do professor". *Cadernos de Educação*, ano 4, n. 5. Feira de Santana: Universidade Estadual de Feira de Santana/Departamento de Educação.

_____ (2002b). *Mediação pedagógica para a compreensão da leitura*: um estudo em classe de 1ª série do Ensino Fundamental. Feira de Santana: Celaee/Cuba-Uefs, 128 p. Feira de Santana [Dissertação de mestrado em Educação Especial].

PINTO, Gisnaldo A. (2003). "Os textos de divulgação científica – Contribuições da construção do conceito científico no campo do ensino de Ciências". *CD do II Encontro Internacional "Linguagem, Cultura e Cognição*: reflexões para o ensino". Belo Horizonte: UFMG.

PRIOSTE, Cláudia; RAIÇA, Darcy & MACHADO, Maria L.G. (2006). *Dez questões sobre a educação inclusiva da pessoa com deficiência mental*. São Paulo: Avercamp.

PUESCHEL, Siegfried (org.) (2005). *Síndrome de Down*: guia para pais e educadores. 9. ed. Campinas: Papirus.

REGO, Teresa C. (2001). *Vygotsky*: uma perspectiva histórico-cultural da educação. 11. ed. Petrópolis: Vozes.

RODRIGUES, Armindo J. (2003). Contextos de aprendizagem e integração/inclusão de alunos com necessidades educativas especiais. In: RI-

BEIRO, Maria L.S. & BAUMEL, Roseli C.R.C. (orgs.). *Educação especial*: do querer ao fazer. São Paulo: Avercamp.

SAAD, Suad N. (2003). *Preparando o caminho da inclusão* – Dissolvendo mitos e preconceitos em relação à pessoa com Síndrome de Down. São Paulo: Vetor.

SANTOS, Flávia H. & MELLO, Cláudia B. (2004). Memória operacional e estratégias de memória na infância. In: ANDRADE, Vivian M.; SANTOS, Heloísa & BUENO, Orlando F.A. (orgs.). *Neuropsicologia hoje*. São Paulo: Artes Médicas.

SCHWARTZMAN, José S. (org.) (2003). *Síndrome de Down*. 2. ed. São Paulo: Memnon/Mackenzie.

SCHWARTZMAN, M. Liliane C. (2003). Aspectos da linguagem na criança com Síndrome de Down. In: SCHWARTZMAN, José S. (org.). *Síndrome de Down*. 2. ed. São Paulo: Memnon/Mackenzie.

SFORNI, Marta S.F. & MOURA, Manuel O. (2003). "Ação, pensamento e aprendizagem conceitual". *CD do II Encontro Internacional "Linguagem, Cultura e Cognição*: reflexões para o ensino". Belo Horizonte: UFMG.

SILVA, Maria F.M.C. & KLEINHANS, Andréa C.S. (2006). "Processos cognitivos e plasticidade cerebral na Síndrome de Down". *Revista Brasileira de Educação Especial*, vol. 12, n. 1, jan.-abr., p. 123-138. Marília: Abpee-FFC/Unesp Publicações.

SIMAN, Lana M.C. & COELHO, Araci R. (2003). "O papel da ação mediada na construção de conceitos históricos". *CD do II Encontro Internacional "Linguagem, Cultura e Cognição*: reflexões para o ensino". Belo Horizonte, UFMG.

SIRGADO, Angel P. (2000). "O conceito de mediação semiótica em Vygotsky e seu papel na explicação do psiquismo humano". *Cadernos Cedes*, ano XX, n. 24, jul. Campinas.

STAINBACK, Susan & STAINBACK, William (1999). *Inclusão*: um guia para educadores. Porto Alegre: Artes Médicas Sul.

TUDGE, Jonathan (1996). Vygotsky, a zona de desenvolvimento proximal e a colaboração entre pares: implicações para a prática em sala de aula. In: MOLL, Luis C. *Vygotsky e a educação*: implicações pedagógicas da psicologia sócio-histórica. Porto Alegre: Artes Médicas.

TORRES GONZÁLEZ, José A. (2002). *Educação e diversidade*: bases didáticas e organizativas. Porto Alegre: Artmed.

TRIVIÑOS, Augusto N.S. (1987). *Introdução à pesquisa em Ciências Sociais* – A pesquisa qualitativa em educação. São Paulo: Atlas.

VAN DER VEER, René & VALSINER, Jaan (2001). *Vygotsky*: uma síntese. 4. ed. São Paulo: Loyola.

VOIVODIC, Maria A.M.A. (2004). *Inclusão escolar de crianças com Síndrome de Down*. 2. ed. Petrópolis: Vozes.

VYGOTSKY, L.V. (2004). *Teoria e método em Psicologia*. 3. ed. São Paulo: Martins Fontes.

_____ (2001). *Psicologia pedagógica*. São Paulo: Martins Fontes.

_____ (1998a). *Formação social da mente* – O desenvolvimento dos processos psicológicos superiores. São Paulo: Martins Fontes.

_____ (1998b). *O desenvolvimento psicológico na infância*. São Paulo: Martins Fontes.

_____ (1996). *Pensamento e linguagem*. 6. ed. São Paulo: Martins Fontes.

_____ (1995). *Fundamentos de defectología*. 2. ed. La Habana: Pueblo y Educación.

VYGOTSKY, L.S. & LURIA, A.R. (1996). *Estudos sobre a história do comportamento*: o macaco, o primitivo e a criança. Porto Alegre: Artes Médicas.

WERTSCH, James V. & SMOLKA, Ana L.B. (1995). Continuando o diálogo: Vygotsky, Bakhtin e Lotman. In: DANIELS, Harry (org.). *Vygotsky em foco*: pressupostos e desdobramentos. 2. ed. Campinas: Papirus.

Índice

CULTURAL

Administração
Antropologia
Biografias
Comunicação
Dinâmicas e Jogos
Ecologia e Meio Ambiente
Educação e Pedagogia
Filosofia
História
Letras e Literatura
Obras de referência
Política
Psicologia
Saúde e Nutrição
Serviço Social e Trabalho
Sociologia

CATEQUÉTICO PASTORAL

Catequese
Geral
Crisma
Primeira Eucaristia

Pastoral
Geral
Sacramental
Familiar
Social
Ensino Religioso Escolar

TEOLÓGICO ESPIRITUAL

Biografias
Devocionários
Espiritualidade e Mística
Espiritualidade Mariana
Franciscanismo
Autoconhecimento
Liturgia
Obras de referência
Sagrada Escritura e Livros Apócrifos

Teologia
Bíblica
Histórica
Prática
Sistemática

REVISTAS

Concilium
Estudos Bíblicos
Grande Sinal
REB (Revista Eclesiástica Brasileira)
SEDOC (Serviço de Documentação)

VOZES NOBILIS

Uma linha editorial especial, com
importantes autores, alto valor
agregado e qualidade superior.

VOZES DE BOLSO

Obras clássicas de Ciências Humanas
em formato de bolso.

PRODUTOS SAZONAIS

Folhinha do Sagrado Coração de Jesus
Calendário de Mesa do Sagrado Coração de Jesus
Folhinha do Sagrado Coração de Jesus (Livro de Bolso)
Agenda do Sagrado Coração de Jesus
Almanaque Santo Antônio
Agendinha
Diário Vozes
Meditações para o dia a dia
Guia do Dizimista
Guia Litúrgico

CADASTRE-SE
www.vozes.com.br

EDITORA VOZES LTDA.
ua Frei Luís, 100 – Centro – Cep 25689-900 – Petrópolis, RJ – Tel.: (24) 2233-9000 – Fax: (24) 2231-4676 – E-mail: vendas@vozes.com.br

UNIDADES NO BRASIL: Aparecida, SP – Belo Horizonte, MG – Boa Vista, RR – Brasília, DF – Campinas, SP
Campos dos Goytacazes, RJ – Cuiabá, MT – Curitiba, PR – Florianópolis, SC – Fortaleza, CE – Goiânia, GO – Juiz de Fora, MG
Londrina, PR – Manaus, AM – Natal, RN – Petrópolis, RJ – Porto Alegre, RS – Recife, PE – Rio de Janeiro, RJ
Salvador, BA – São Luís, MA – São Paulo, SP
UNIDADE NO EXTERIOR: Lisboa – Portugal